AF563276

Gicela Johanna Garmón

Niña de carbón, mujer de cristal.
Los desafíos que impulsaron mi crecimiento personal

GICELA JOHANNA GARMÓN

NIÑA DE CARBÓN, MUJER DE CRISTAL

Los desafíos que impulsaron mi crecimiento personal

Diciembre 2024

ISBN papel: 978-84-685-8609-0
ISBN ePub: 978-84-685-8608-3

Depósito legal: M-27877-2024
SafeCreative: 2412160379045

Editado por Bubok Publishing S.L.
equipo@bubok.com
Tel: 912904490
Paseo de las Delicias, 23
28045 Madrid

Índice

CAPÍTULO 1

SIN IDENTIDAD

Mi experiencia de vida es una historia de inspiración para muchas personas que, de alguna u otra manera, han pasado por situaciones similares. Esta historia está basada en mis vivencias personales y en los fantasmas que, aunque poco me visitan, tengo que enfrentar una vez que aparecen a atormentar mi vida.

Nadie es perfecto; no soy consciente de haber escogido a mis padres, la familia o el estilo de vida, aunque existe la posibilidad de que los elijamos antes de este hábitat natural. No sé... hay muchos misterios, y me rehúso a pensar que la vida solo existe en este espacio racional. Pero algo he aprendido, y es que Dios sabe lo que hace y todo es con un propósito. Los que pasamos por momentos de sufrimiento —unos mayores que otros— estamos siendo pulidos por Dios, quien fortalece nuestras vidas, nuestro espíritu y moldea nuestro temperamento. La vida me ha enseñado de diferentes maneras; a unos los golpea más duro que a otros. Lo importante es no sumergirse en la amargura y tristeza; al contrario, debe servir de motivación para realizar los sueños y rehusarse a vivir una vida a la que las circunstancias han obligado a vivir. Dios ha puesto en mi vida ángeles disfrazados de personas que, en momentos inesperados, me han dado la mano y me han consolado. Soy una mujer muy sensible: lloro de tristeza, lloro de alegría, lloro de emoción. Solo le pido a Dios que me permita ver como Él nos ve y que pueda servir y ayudar a mi familia y a la humanidad.

Este es un resumen que quiero mencionar: cada suceso que he vivido me ha hecho madurar. Cada miembro del hogar vivió y experimentó el dolor de diferente manera. Un mismo evento, pero con percepciones distintas, ya que cada uno tiene su propio carácter y su propia experiencia. De la misma forma, cada uno de nosotros ha tenido que enfrentar sus propios miedos y aprender a superarlos. Todo es un proceso que, a las buenas o a las malas, siempre tendrá un final.

Nací en un hogar donde mi madre, la mayor de 11 hermanos, provenía de un estatus social alto, de una familia reconocida; era estudiante de Química y Farmacia en la universidad de Barranquilla, carrera que no logró culminar, pues le faltaron un par de semestres. Su deseo era mudarse a la capital. Mi padre, de clase social media, era el mayor de tres hermanos, nacido en Barrancabermeja. Logró sacar una carrera intermedia: Contaduría, título que obtuvo en la capital. Ambos procedían de familias muy trabajadoras, llenos de sueños y con ganas de explorar el mundo. Mis padres se conocieron en una fábrica, donde eran compañeros de trabajo. Mi padre, lleno de juventud, era un hombre muy guapo e inteligente, y con su forma de actuar lograba conquistar a las mujeres fácilmente.

Para ese entonces, mi padre sostenía una relación amorosa que pasaba por una etapa de crisis y fue ahí cuando se fijó en mi madre. Así fue como empezó esta nueva relación. Mi madre, siempre bella, una joven alegre, llena de vida, llamaba la atención con su carisma y mi padre, un moreno atractivo, elegante y lleno de energía, se enamoró de ella. La relación prosperó y, al cabo de tres meses, llegaron al altar. El matrimonio se celebró muy rápido, con pocos invitados. En las fotos que tomaron, mi madre se veía feliz, y mi padre parecía estar a punto de arrepentirse. Él pensaba que estaba cometiendo un error, pero, por respeto a mi abuelo (su suegro), sentía que debía cumplir su palabra.

Mi madre no sabía de los quehaceres del hogar, pues creció en un mundo donde le daban todo. Tenían algunas empleadas que se encargaban de este trabajo. Mi abuelo le complacía a manos abiertas; era una mujer consentida y en los oficios de la casa no quería involucrarse, mucho menos sabía cuáles eran los deberes que una mujer casada debía desempeñar. Mi padre le enseñó a cocinar, a lavar, a planchar y a enfrentar los deberes básicos. Quedó embarazada al poco tiempo y al cabo de nueve meses nació mi hermano mayor, el primer varón de la familia, el consentido de mi abuela, mamá de mi papá. Tres meses después, mi madre nuevamente quedó embarazada. Ella no pensaba en planificar, pues pensaba que entre más hijos le diera a mi padre, más atado a ella tendría que estar. Por alguna razón, surgieron complicaciones en el embarazo; ese bebé era yo. Sí, así como lo leen, nací a los siete meses de gestación; de tal forma que, en el mismo año, mi madre tenía dos hijos: mi hermano mayor, que nació en enero, y yo, en noviembre del mismo año, 1972.

Soy la segunda de cinco hermanos, hijos del mismo matrimonio: cuatro hombres y yo, la única mujer. Mi nacimiento no fue del agrado de mi padre, pues él solo quería tener varones. Al cabo de un tiempo, mi madre quedó embarazada, y fue una gran alegría para mi progenitor, pues era otro varón, lo que él más anhelaba. Este hermano era muy apegado a mi papá, y algunas veces se notaban las preferencias. Años después, mi madre quedó embarazada de nuevo y esperaba otro varón, pero, desafortunadamente, ese bebé murió al nacer debido a la falta de atención inmediata en el hospital. Mi madre estaba de ocho meses y, al presentar contracciones, fue de urgencias. Ese día, había solo un doctor de turno, quien estaba atendiendo otro parto, y cuando asistió a mi madre, el bebé estaba mal posicionado y se había ahorcado con el cordón umbilical. Fue enterrado en el cementerio de los NN porque mi padre no quiso pagar un espacio para darle cristiana sepultura. Mi madre sufrió mucho porque esperaba con ansias ese bebé; tenía todo preparado y regresar a casa sin él fue devastador, ya que ni siquiera supo dónde su pequeño cuerpo fue sepultado para llorarlo y despedirse de él.

Pasado un año, mi madre nuevamente quedó embarazada, y llegó otro varón al hogar. Mi hermano menor, con quien pasaría más tiempo, pues era el más pequeño de todos y los mayores nos teníamos que encargar de él.

Existen dos hermanos más, frutos de dos relaciones diferentes por parte de mi papá. Una hermana, 15 días mayor que yo; es decir, en un año, mi padre tuvo tres hijos: dos hijas y un varón, dos de un mismo matrimonio y otro fruto de otra relación. Tengo un vago recuerdo de ella, ya que solo tuvimos un par de encuentros durante la adolescencia. Esto no acaba aquí; hay un hermano más, el último, el más joven de todos, que más bien es primo-hermano, fruto de una relación entre mi padre y su prima. De este hermano nunca tuvimos comunicación; de hecho, sabíamos que creció en una buena familia, pero nunca nos acercamos ni supimos qué fue de él.

Fui la consentida por parte de la familia de mi mamá. Constantemente iba y venía a mi pueblo natal; mis abuelos maternos vivían allí y ese era mi segundo hogar. Mi abuelo me consentía y mimaba; yo era su primera nieta, así que a todos lados me llevaba. Hasta para ir al baño no dejaba que nadie entrara, solo se lo permitía a él porque le amaba y le tenía mucha confianza. Apenas tenía tres años, y mi abuelo era todo para mí, hasta el día en que murió y de él no me pude despedir. Le dio un infarto fulminante, y solo recuerdo que lo llamaba por la casa, mientras mis tíos decían que "se había tenido que ir de viaje".

Guardo gratos recuerdos de aquellos tiempos. Mis padres me enviaban a mi tierra natal, Ocaña, y pasaba largas temporadas visitando a mi nona (abuelita) y a mis tíos. Ocaña, tierra hermosa, un pueblo muy particular, y lo digo porque ese tiempo fue valioso y dejó bonitos recuerdos que por siempre me acompañarán. A mi tío Alf y a mi tía Adda solía llamarles papá y mamá. Recuerdo que, a la edad de cuatro años, un circo llegó al centro de la ciudad y todos fuimos a ver el espectáculo; para mí era una novedad. Por un descuido, me perdí entre la multitud, y una gitana del circo me agarró de la mano y me llevó a caminar largo rato. Claramente recuerdo que caminamos por un prado verde y, después de un par de horas, lograron ubicar a mi tío. Él estaba en una esquina, desesperado, hablando con un policía. Sé que mucha gente estaba ayudando en la búsqueda, pues pensaban que se trataba de un rapto. Me examinaron, me revisaron, pero nada malo me había pasado. Así era: iba y venía, pasando un año con ellos, y cuando parecía que me iba a quedar con ellos permanentemente, una llamada lo cambiaba todo, generándome rebeldía, depresión y traumas, al cambiar de un ambiente donde había amor y comprensión a otro lleno de desprecio y soledad. Mis padres no se daban cuenta de que estaban creando una mujer con vacíos y tormentos que día a día empezaban a crecer.

Tiempo después, mi padre me mandó llamar, así que me enviaron a vivir del todo a la capital. Vivíamos en una casa que formaba parte de una herencia familiar, gracias a mi abuelo paterno, quien, con esfuerzo, logró dejársela a mi padre. Recuerdo que era una casa grande y esquinera; al frente había un potrero lleno de ratas. Cómo olvidarlo, si hasta en la terraza de nuestra casa una de ellas tenía su camada, además de uno que otro ratoncito que libremente se paseaba por la casa. Ese barrio apenas se estaba formando, así que se encontraban algunos lotes desocupados. Mi padre tenía arrendada una parte de la casa a dos familias; uno de ellos era dueño de una panadería, y la otra era una inquilina, madre soltera, que vivía con su hija. Nosotros utilizábamos dos habitaciones de la casa, donde vivíamos mis hermanos, mis padres, un perro, un gato y yo.

Mi padre era un hombre de carácter rudo, fuerte, machista y celoso; no tenía contemplación. Si llegaba de mal genio, nos golpeaba a todos con el cinturón; a veces nos pegaba con una chancleta, pero no era cualquier chancleta, estaba hecha de un material duro y pesado. Cuando la utilizaba, nos dejaba las piernas marcadas y con grandes morados. En una ocasión, mi padre tomó mis manos y las acercó al fogón de la estufa. Yo gritaba, pues sentía el calor en mis manos y no quería que me las quemara. ¿La razón? Fue por robar un pan a la vecina de la panadería, pues tenía hambre y no vi otra solución. Aquel día, como en muchos otros, me golpeó muy fuerte.

Recuerdo que, en otra ocasión, me mandó buscar una herramienta en una caja especial donde las guardaba, y yo, de los nervios, no la veía, pues cuando mi padre pedía algo, tenía que ser de inmediato. Mi padre se desesperó porque me estaba demorando; al no encontrarla, me agarró del cabello, me sacudió con fuerza y, con la misma violencia, acercó mi rostro a la caja de herramientas. Yo lloraba, desesperada y aterrada, pero a él no le importaba; al final de cuentas, no quería que yo naciera, ya que él solo quería hombres, ese era su fin. Según él, las mujeres solo eran para cocinar, mantener la casa limpia y cumplir con el placer de los hombres.

Mi padre trabajaba en el Departamento de Policía como civil. Siempre lo veíamos salir temprano en la mañana y regresar en la tarde. Mis hermanos y yo, con temor, salíamos a saludarlo; quisiéramos o no, teníamos que darle un beso en la mejilla. Eso sí, a partir de los viernes y durante el fin de semana, no se le veía acercarse a casa. Ese era nuestro espacio libre para descansar de él. Por otro lado, a mi madre le gustaba salir y se la pasaba con sus amigas, así que pasaba poco tiempo con nosotros en casa. Recuerdo que tomaba clases de manualidades y de culinaria, y nos dejaba solos a nosotros, sus hijos. No teníamos juguetes, así que inventábamos con qué jugar. Usábamos piedras y basura para improvisar y hacíamos casas. Jugábamos hasta con las moscas que se paraban en las heces del perro; las atrapábamos y les quitábamos las alas, y hacíamos competencias. Las poníamos a correr, armábamos una pista y nos tirábamos al suelo a ver cuál quedaba de primera. En diciembre, recuerdo claramente que no teníamos pesebre, pero siempre inventábamos algo; cada uno de nosotros cogía tablillas de madera, les poníamos pegamento o colbón, pegábamos pasto y encima colocábamos puros vaqueritos, esos muñecos de plástico que solían salir de sorpresa en los snacks, y les poníamos carambolas. Ese era nuestro pesebre individual. Un día mi padre se conmovió de ver eso, y de repente nos sorprendió comprando un pesebre gigante. Fue una gran emoción para todos; tenía luces de verdad y un niño Dios que parecía real.

Como mencione anteriormente las mascotas que teníamos en casa eran un perro, un gato y, bueno, las ratas que se escuchaban cuando dormíamos; parecía una batalla campal. Siempre he tenido el sueño liviano, así que cualquier ruido me despertaba y me costaba el sueño conciliar. De hecho, recuerdo que en todas las clases mi maestro tenía que despertarme. En cuanto a la casa, cada vez que había visita se hacía una limpieza general; de resto, todo seguía igual. La comida se dañaba, nos mandaban solos al colegio, y al regresar, mi mamá preparaba algo y luego nos íbamos a la calle a jugar. Yo, siempre tímida, no tenía amigos, y ni hablar de las tareas; para mí era todo un martirio. Mi mamá no tenía paciencia; nos gritaba o pellizcaba por no entender lo que ella explicaba. Me agarraba del cabello y me golpeaba contra los cuadernos. Yo creo que pensaba que así todo se me grabaría.

Un día, como de costumbre, íbamos a quedarnos solos. Ese lugar era como la vecindad; el patio era compartido, y también un lugar donde nos turnábamos para lavar la ropa. Teníamos un vecino, el de la panadería, que ayudaba a hornear el pan. Este hombre, poco a poco, comenzó a usar estrategias, pues sabía del hambre que solíamos pasar.

Con palabras engañosas un día entro al cuarto de mi casa con el pretexto de regalarnos pan fresco. Yo estaba sola, mis hermanos a la calle se habían ido a jugar. Así fue como aprovechó y me abusó sexualmente por detrás, no le importo mi edad, yo no sabía que pasaba, no entendía nada, sentía un poco de dolor pues él se aseguró de no penetrarme por completo porque se notaría, yo tenía que callar, pues constantemente me amenazaba, cuando veía la oportunidad se me acercaba diciendo, que, si yo le decía a alguien lo que había pasado, en problemas los dos íbamos a estar. ¿Recuerdo que a mi corta edad yo pensaba, total a mí quien me va a creer? Él era un adulto y su palabra tenía más poder. Según él, eso era una demostración de amor pues se aprovechaba de la situación, sabía lo extremista que mi papá era cuando nos castigaba y eso le dio a él la confianza que yo nunca lo iría a delatar. 5 años tenía y a esa corta edad, empezaba mi travesía, amargura y muchas lágrimas por mis mejillas empezarían a rodar.

Después de ese suceso nuevamente me enviaron de vacaciones a mi ciudad natal, donde mi familia me consentía, tenía ropa nueva, zapatos y regalos que me solían comprar. No tenía que mencionarles lo que me ocurría pues era evidente ya que yo venía con marcas, me volvía tímida, malhumorada, mi autoestima destruida, pareciera que tuviera otra personalidad. Me hacían preguntas, pero yo nunca hice mención del abuso sexual sucedido con ese señor. No quería que les hicieran el reclamo a mis padres porque ellos igual tomarían represalias y me impidieran con mi abuela y tíos regresar. Ni hablar de lo que me esperaría de regreso a la capital, pues mis padres de seguro me irían a golpear, pues sería un escándalo, una vergüenza total, vivían de apariencias no querían que nadie supiera lo que pasaba dentro de su hogar. Si se llegaran a enterar del suceso en mención igual me culparían por el silencio, o por haber dejado al hombre entrar. Al mismo tiempo pensé, de que servirá hacer el comentario si igual no les ha de importar. Para mí en ese momento lo primordial y lo que realmente importaba era que estaba con gente que me amaba, era tan feliz con ellos, que mis amarguras y los malos recuerdos lograban disipar.

Después de un tiempo, me volvieron a llevar a la capital, donde se encontraban mis padres y era una tortura total. Por lo regular mi madre siempre de acuerdo con mi padre estaba, no nos defendía de las exageradas golpizas que él nos daba, al contrario, ella le daba quejas y lo motivaba para que más fuerte nos castigara. Ella se daba cuenta de los moretones que en la piel él nos dejaba, pero nunca se conmovía era muy dura o muy bien lo disimulaba. Por otro lado, cuando mi madre nos castigaba, no utilizaba el cinturón pues ella no tenía tanta fuerza y si trataba de pegarnos con la correa empezábamos a correr por toda la casa, hasta hacerla cansar. Pero eso sí, apenas nos descuidábamos nos solía dar pellizcos, halar el pelo y luego nos acusaba con mi papá. En ocasiones esperaba a que mi padre llegara a casa y ahí era cuando se sonreía y decía "ahora sí carajo, para que aprendan a respetar". Un dato curioso que no puedo dejar pasar es que yo comía moscas, no sé qué sabor le sentiría, pero sus alas yo solía quitar, porque según lo que yo decía, estás tenían mal sabor y se me pegaban al paladar. Así que mis padres me trataban de corregir, reventaban mi boca de las cachetadas que me daban, esa era otra forma de castigo que tenía que soportar. ¿Cuándo preguntaban porque moscas tenía que tragar? Recuerdo que les decía que las moscas lograban el hambre mitigar. En otra ocasión, mi madre el suelo acababa de trapear, aún estaba mojado y yo solía con mi hermano menor jugar. Así que sin darme cuenta pasé por el lugar que ella acaba de limpiar y se enfureció y me agarró del cabello, y contra el piso me empezó a golpear. Luego me iba a una esquina de la casa, siempre al mismo lugar, donde solía ir a llorar. Mi hermano menor vio lo que ocurría y hasta el día de hoy no lo puede olvidar.

Tengo muchas memorias tristes, así como otras que he logrado de mi mente borrar, pero las que más me traumatizaron son las que voy a resaltar. Aunque tengo vagos recuerdos de algunos episodios, (le pedí a Dios q me hiciera olvidar), aunque sé que en la memoria de mis hermanos algunos recuerdos por siempre permanecerán.

Mi padre tenía tres vicios, 1- el alcohol, empezaba algunos jueves, pero fijo desde el viernes y llegaba queriendo hacer fiesta en la casa, a todos nos despertaba y de repente se transformaba, apenas el llegaba nos hacíamos los dormidos, pero atentos porque sabíamos que en cualquier momento el show iría a comenzar. Ya relataré algunas de las experiencias, que más marcadas quedaron a mi corta edad. 2 - El cigarrillo: fumaba de una manera exagerada, se dormía con el cigarrillo prendido que hasta las cobijas quemaba. Se le veía fumando a toda hora, a medianoche, se despertaba y lo primero que hacía era prender un cigarrillo y antes de que esté se acabara con la misma colilla, encendía otro y volvía a empezar. Podría no haber dinero para mercado, se desesperaba si no fumaba, hasta el punto de que prefería caminar 5 hasta 6 horas, con tal de no gastar el dinero del transporte y que tuviera para sus cigarros. 3- El tinto: se preparaban Jarradas y jarradas de tinto al día. Recuerdo que mi mamá calculaba a qué horas más o menos él llegaba y le servía el tinto para que lo encontrara calientito. Si por alguna razón él llegaba de improviso, mi madre nos pegaba un grito, apúrense calienten el tinto que su papá no tarda en llegar.

Volviendo al tema del alcohol, cuando mi padre bebía, al otro día no se acordaba de nada, parecía ser que se enlagunaba, una vez a casa llegaba y dependiendo del tono de su celebración, podría estar contento o no, ahí empezaba la transformación, parecía poseído.

Recuerdo que un día llego borracho, mi mamá se estaba haciendo la dormida y él la despertó queriendo tener intimidad. Mi madre con temor le decía, ahora no, pues aquí están los pelaos y nos van a mirar. Y él se enfurecía y empezaba a tratarla mal. Nosotros ya estábamos despiertos, pero nos hacíamos los dormidos, pues le teníamos miedo. Él nos empezaba a gritar, nos hacía levantar. Cómo lo había mencionado anteriormente, nosotros ocupábamos dos cuartos, mis padres uno y mis hermanos y yo el otro. Esos cuartos eran unidos por media pared y no tenían puertas, de tal manera que todo se escuchaba, todo es todo. Cuando mi padre perdía el control y empezaba a golpear a mi mamá y a romper cosas, si ella tenía las fuerzas, nos íbamos a la calle a llamar por teléfono a mi tío, (al hermano de mi papa), en esa época no existían los teléfonos celulares. Así que alrededor de media hora mi tío llegaba y a mi padre trataba de calmar, pero mi papa, empezaba a sacar recuerdos de la niñez y él intentaba pegarle haciendo de ese momento una batalla campal. Mi padre usaba como argumento que él era el hermano mayor, así que terminaban enfrentados los dos. A veces mi padre no se podía sostener en pie o empezaba a tambalear y caía en la cama dormido como si nada. En otras ocasiones así embriagado se iba por la carretera y llegaba hasta el otro día sin dar explicación y como si nada hubiera pasado se dedicaba a dormir todo el día. Mi mamá sufría por él, preocupada que no le pasara algo malo sin importar el maltrato que ella recibiera, ella lo defendía y no hacía nada para evitarlo, pues aceptaba su situación, ella creía que parte del matrimonio eran los malos tratos. Ella sentía alivio contándoles a los demás sus penas y una vez se desahogaba llegaba a casa sin resentimiento, lo agarraba a besos y luego terminaba acostada con el consintiéndolo.

Mi madre sabía cómo era mi padre, a Él, le gustaba las parrandas, el alcohol y las mujeres. Ella no decía nada, lo excusaba, decía "eso es cosa de tragos". Mi padre cuando la golpeaba era porque estaba borracho, (yo no recuerdo que lo haya hecho en sano juicio). Más sin embargo todo tenía que hacerse como él dictara y eso era la ley en la casa.

Él parecía tener dos personalidades, una mala y la otra peor, porque cuando era día de semana llegaba de mal humor y por todo o por nada nos golpeaba, le teníamos pavor.

En otra ocasión, mi padre llegó a medianoche a la casa con un primo de él, con el que solía parrandear y emborrachar, compró un pollo asado y despertó a mi madre obligándola a comer a esa hora. Ella se rehusó, así que él la empezó a golpear, pobrecita tener que aguantar las humillaciones y a mi padre no le importaba. Su primo y el estaban muertos de risa de hacer a mi madre gritar y en medio de sus fuerzas tratarse de defender. Mis hermanos y yo empezamos a llorar, mi padre nos decía que miráramos lo que el hacia y dejáramos el drama o si no él nos iba a castigar.

Ella como pudo tomó un cenicero que estaba en la mesa de noche y trató de golpear a mi papá, pero el ágilmente logró el golpe esquivar. Agarro fuerte de sus brazos, especialmente del brazo derecho nosotros pensamos que se lo iba a quebrar. Ella gritaba indefensa, pues nadie tenía la fuerza para poderla ayudar y vimos como él a la fuerza le metió una presa de pollo en la boca, hasta creímos que su intención era hacerla ahogar. Eso fue una noche de horror para todos nosotros, al otro día teníamos que ir a la escuela a estudiar, pero no podíamos decirle a nadie sobre el suceso, pues eso era privado y personal, de lo contrario mis padres acciones contra nosotros irían a tomar. Mi madre nunca una denuncia, nunca hizo nada en contra de él. En otra ocasión recuerdo que mi padre estaba borracho y a mi madre vino a golpear, yo me metí en medio llorando, suplicándole que parara y me dio una patada y me hizo orinar, para ese entonces solo tenía 6 años de edad. Mi madre pensó que me había reventado por dentro y ella le empezó a gritar: "reventó la Niña" y él se alejó, y el dejó de golpear. Después de un rato se reconciliaron y cómo sí nada a plena luz del día abrazados se fueron a acostar.

A mi corta edad no entendía nada, como cualquier niña yo quería tener juguetes, reír, jugar, pero no todo lo que se espera sucede, no todo lo que quieres lo tienes y a veces por cosas del destino, parece que este mismo no tiene camino, pero eso es lo que te toca enfrentar.

Todo es incierto, cada amanecer, cada anochecer. ¿A quién le reclamas? Soy una minúscula dentro de esta galaxia, pero el amor y la bondad siempre aparecen y nunca me desampararon, aunque todo se veía nublado, después con el tiempo me vine a dar cuenta que aunque una sombra me asechaba al mismo tiempo había una batalla espiritual luchando por mí.

A los 9 años mi primera jaqueca iba a pasar, pues me había embriagado con aguardiente que dolor de cabeza iba a soportar. Solo tenía en mi mente una meta y esta era la muerte, aburrida de la vida me encontraba, no era fácil sentir el desprecio y las injusticias que a diario vivía. Inocentemente, pensaba que emborrachándome la conciencia iba a borrar y así poder todo olvidar. La falta de amor, de atención y de unidad, hizo que, desde ese día, la muerte rondara en mi humanidad. Otra acción que mostraba para llamar la atención era aguantar la respiración, mi rostro se tornaba rojo y mis venas se veían resaltar, mi intención era aguantar lo que más pudiera para así lograrme desmayar y no despertar. Pero solo me dejaba mareada, caía al piso me golpeaba la cabeza y mi mama me ignoraba, comprobaba una vez más que a nadie le importaba, así que, pasado un tiempo, en la medida que iba creciendo deje de hacerlo, pues sabía que no lograba nada y si un dolor de cabeza todo el día, tendría que enfrentar.

Mi relación con mis hermanos era muy particular, Mi hermano mayor Manuel, consentido de mi abuela, (por parte paterna), ella no disimulaba siempre enfrente de todos a Él, lo consentía y atenciones le daba. El con frecuencia se quedaba en su casa, no importa si eran vacaciones o fines de semana, ella lo defendía a capa y espada, toda la atención a mi hermano le daba, pues era su primer nieto varón, mi abuela perdió a su esposo (mi abuelo) muy joven y de cierta manera se sentía sola así que pedir que mi hermano estuviera con ella era como volver a hacer mamá. Ella era muy especial con él, aunque tenía más nietos todos nos dábamos cuenta de que esa atención no se la daba a los demás. No lo disimulaba y mi hermano con eso a favor de eso a veces tomaba ventaja.

Así que cuando él regresaba a la casa, algo de tensión se presentaba, a veces se vivían unas batallas, todo por cosas sin importancia, pero como todo niño solíamos pelear, nos jalábamos del cabello y fuertes golpes nos dábamos y por la casa solíamos perseguirnos. Todos tratábamos de tener nuestro propio espacio, pues teníamos que compartir un cuarto para todos, así que solíamos hacer campamentos, con los palos de las escobas y algunas sabanas o toallas y ese era nuestro cambuche individual.

Crecí en un ambiente hostil, no podía ser una niña como las demás, crecí entre hombres así que yo tenía actitudes de "marimacho" pues me tenía que defender, así que como hombre aprendí a pelear. Con mi segundo hermano Christopher, tres años menor que yo, a veces jugábamos a la casa, debajo de una mesa vieja de comedor. ¡Colocábamos sabanas o toallas para simular independencia y yo le colocaba las faldas de mi mamá y en su cabeza le colocaba algunos ganchos para su cabello sujetar, jugábamos a las tacitas de té y el me seguía el juego sin ningún problema, eso sí tenía un carácter que hay mamá! Él era el consentido de mi papá. una vez mi padre llegaba del trabajo mi hermano sus zapatos le empezaba a desatar, mi hermano con él fue muy especial. Pero eso sí, tan pronto mi papá se fuera a trabajar, parecía loco y nos hacía a todos por la casa corretear, agarraba lo que fuera para pegarnos y no valía que le golpeáramos porque con sus amenazas nos lograba amedrentar y después nos la teníamos que ver con mi papá pues quejas a él le iría a dar. Pero en la medida que fue creciendo, ya mi padre lo traba igual que a los demás. Mi hermano el menor Byron, él bebe de la casa, el consentido de mi mamá, ella a todos lados se lo llevaba y cuando conmigo se quedaba yo cuidaba de él, sentía que era mi obligación ya que El, era mucho menor que yo, disfrutábamos mucho pasando tiempo juntos. Solíamos jugar en la calle, o nos subíamos al techo de la casa, tomábamos una escalera de palo y solíamos alejarnos y mirar todo desde lo alto. A veces paseábamos por la cuadra, siempre algo inventábamos para hacer. Son muchos recuerdos, los que nos embarga, pues cada uno sufría en diferente grado, pero siempre estuvimos juntos los cuatro, así fuera en silencio compartíamos la misma desdicha, el mismo dolor el mismo pesar.

En la medida que crecíamos, éramos más unidos pues ya no había preferencias, mi papá era rudo con nosotros y a todos nos maltrataba por igual, las injusticias y castigos no merecidos y/o exagerados. Entre nosotros tratábamos de protegernos y si le pagaba a uno, los demás estábamos preparados para salir en su defensa o a que también nos castigara. Era una manera de retarlo y de rebeldía… Solo Dios sabe cuánto amo a mis hermanos, cada vez que miro atrás, me doy cuenta lo valiente que éramos, entre el temor y la rabia crecimos hasta que cada uno …. Bueno ya les contaré qué pasó.

Tiempo después, nos empezamos a mudar de casa en casa, de apartamento en apartamento pues mi papá perdería su herencia, por malas decisiones, por confiado y llevar mal las cuentas. En cuanto a la parte afectiva, nunca escuchamos de mis padres decir un te amo, o abrazarnos y darnos besos. No quiero justificar sus acciones, a lo mejor tenían resentimientos o no les nacía o no sabían como hacerlo. Pero confieso que a veces sentía celos, cuando veía a mis compañeros de la escuela con sus padres y ellos los abrazaban, les decían palabras dulces. Y yo miraba los míos y solo malos tratos, físicos y mentales.

Respecto a mí, yo era la oveja negra, por el solo hecho de ser mujer ya estaba descartada por derecha. Aunque tengo que darle crédito a mi tía Cristina, hermana de mi padre, ella se metía para defendernos le molestaba y le dolía el maltrato que recibimos por parte de mi papa, igual que mi tío Harry, pero mi papa tomaba represalias con ellos y lo que hacía era que nos alejaba, era como si quedáramos desconectados de ellos por largas temporadas, no permitía que tuviéramos algún tipo de acercamiento. Así que teníamos que tomar provecho pues esos momentos de alegría eran cortos, pero muy bonitos recuerdos. Cuando se programaban fiestas de algún cumpleaños o algún almuerzo de ellos, era la mejor época con nuestros primos reunirnos y jugar, pero siempre con el temor de cómo terminaría el evento pues con mi papá era incierto, cualquier cosa podía pasar. Ni hablar de los momentos inolvidables al compartir con la familia de mi madre pues ellos me esperaban con ansias, me consentían y especial me sentía.

Durante nuestra niñez empezamos a tener obligaciones y era la manera de todos colaborar. Mi hermano mayor y yo, éramos los encargados de madrugar para coger turno para la gasolina o el cocinol colectar. En esa época era muy popular, teníamos una estufa que se usa actualmente para camping; este era de dos puestos, así que desde muy pequeños nos la enseñaron a manipular, peligrosa, por cierto. Había muchos niños quemados, adultos, ya que se recalentaba el tanque y explosiones se presentaban, en una ocasión se me quemaron las pestañas porque el fuego creció y me alcanzo en la cara. Cada dos semanas teníamos que ir a hacer fila, ya que era cupo limitado, nos íbamos dos hermanos con una cobija y una jarra de tinto o agua de panela, ya que el frío era bastante fuerte y bueno a veces mi mamá nos acompañaba o mi papá, pero ellos llegaban mucho después, ya que se quedaban durmiendo. En la medida que íbamos creciendo nos turnábamos para que alguno de nosotros, (mis hermanos y yo) llegara con anticipación a separar el puesto a eso de las 4:30 am, mientras el otro llegaba con el termo y así nos teníamos que quedar hasta que el carro de la gasolina llegara. A veces tardaba más de lo esperado. Nos tocaba caminar por varias cuadras y bueno se necesitaban dos personas para poder el galón cargar. Le atravesábamos un palo y cada uno agarraba de un lado y así por varias cuadras o más.

Frecuentemente me enviaban a mi ciudad natal, era feliz con mis tíos que se preocupaban y me amaban de verdad. Mi nona, mi abuelita que me consentía y pendiente de mí también lograba estar, solía comprarme zapatos de todos los colores, al igual que pantalones, para poderlos combinar. Tenía muchos amigos de mí misma edad, sentía que podía ser una niña normal. Pero era muy bonito para que fuera a durar, mi papá hizo que me regresara de nuevo a la capital, la tristeza me envolvía cada vez más, él era muy injusto y su odio por mí era una realidad, no lo lograba disimular, yo solo quería con mi vida terminar, me sentía enjaulada pues ni los trabajos en grupo de la escuela podía realizar, según mi padre no era necesario que con mis compañeros me encontrara para poderlos elaborar, no entendía que habían tareas o presentaciones que en la escuela nos exigían para una buena nota poder ganar.

Pero eso sí, todas las materias con excelente grado tenían que pasar. ¿Mi padre decía que yo tenía amigos mariguaneros, eso me dolía, cómo podía el tener esa idea de mí, cuando en lo más mínimo no me dejaba relacionar con nadie? Mucho menos con lo estricto y exigente que él era. Tan solo era una niña, pero el declaraba para mi vida maldad, no me dejaba con mis amigos del colegio hablar, siempre tenía que delante de ellos disimular. Era una niña sola todos tenían amigos y empecé a ser el hazme reír de algunos de mis compañeros, pues me la pasaba sola. El temor que le tenía a mi padre era impresionante, de los nervios hasta me hacía orinar no podía disimular me daba terror, no lo puedo explicar.

Una vez en el colegio paro general se iba a realizar, protesta de profesores por el salario, así que todos los alumnos estábamos en la calle, esperando que el rector de la escuela nos dejara entrar. Poco a poco los alumnos a sus casas empezaron a retornar. Yo no quería irme a la mía, pues sabía que estaba mi papá, así que decidí quedarme un rato más, por si de repente la escuela abría y podíamos entrar. Qué sorpresa me llevé cuando veo a mi padre que no sé porque ese día cogió esa ruta y lo veía hacia mi acercar. Yo entre en pánico y su paso empezó a acelerar, Él estaba furioso, me dio una cachetada y me jalo de una oreja y me empezó a insultar. Mis compañeros se asustaron se quedaron callados y yo avergonzada no podía ni llorar. Por todo el camino me regaño, me decía malas palabras, entre muchas que yo no valía nada y así fue hasta llegar a casa. Mi odio crecía hacia el cada día, lo peor que me podía pasar era que me abochornaran enfrente de mis compañeros, pero eso a Él no le iba a importar.

A la edad de 12 años una noticia me llenaba de felicidad, me fui a vivir con otros tíos y mis primos a mi ciudad natal, ellos también muy queridos, pendientes de mí, me inscribieron en una escuela para allí quedarme a estudiar. Es un recuerdo maravilloso, vivían en una comunidad alejada del ruido era en una montaña solo para familiares de las personas involucradas en la vida militar. Mis primos y niños del barrio se convirtieron en mis amigos de verdad, teníamos la misma edad así que constantemente nos reuníamos, atravesábamos montañas éramos exploradores, donde muchas sorpresas iríamos a encontrar. Había animales de diferentes especies y hasta nos íbamos a escalar. Solíamos llegar llenos de barro, tierra, pero felices de nuevos lugares poder conquistar. Esa fue mi estadía más larga, de hecho, creí que de por vida me iba a quedar en ese lugar, pues mi autoestima empezaba a mejorar y sentía qué podía ser igual que los demás.

Pero como todo lo bueno dura poco, todo era muy bonito para ser verdad. Un repentino y brusco cambio se iba a presentar, a mi padre le dio un arrebato y me obligó a volver a la capital. Lloré mucho pues no quería a su lado regresar, sabía lo que me esperaba, amargura, soledad y solo de pensar en eso, ya era una tortura total.

A mi retorno a la ciudad, cargaba una bolsa plástica, llena de recuerdos de mis amigos de colegio, y al cabo de un tiempo mi padre los iba a romper y quemar. Qué dolor tan grande, todo de mi le fastidiaba y lo que él veía que a mí me gustaba, sencillamente lo destruía, porque nunca fui de su agrado, su odio y desprecio por mí no lo disimulaba. Me criaron como un hombre más, no importaba si era la única mujer del hogar. Siempre fue brusco y sin piedad, nos golpeaba hasta sus brazos cansar.

De mi madre en ese entonces afecto hacia nosotros no se hacía notar. Solo vivía enamorada o tal vez obsesionada de mi padre, así el la tratara mal. El fin de semana el solía salir a tomar, se emborrachaba y con mujeres la noche se iba a pasar, otras veces a la casa le veíamos regresar, golpeaba a mi madre y ella lloraba desconsolada pero no hacía nada para esa situación evitar. Como en muchas ocasiones, al poco tiempo se solían reconciliar, como si nada pasara, pues ella no contemplaba la posibilidad de llegarse a divorciar. Ella solía desahogarse con sus amigas, contándoles, la amargura y la mala vida que mi padre le hacía pasar. Ellas le aconsejaban que lo dejara, pues tenía el apoyo de la familia y mal no la iba a pasar. Pero mi madre siempre decía que algún día lo dejaría, pero ella sentía que eso era amor de verdad. Mi padre le controlaba el tiempo, recuerdo que algunas ocasiones fui con mi madre a acompañarla a trabajar, pues vendía productos puerta a puerta, muy valiente y trabajadora ella y si nos tardábamos más de la cuenta, mi padre se enfurecía y la trataba mal. Mi madre le tenía miedo, pues sabía que él la podía golpear. ¿Ella decía "ahora quien a su padre se aguantará?" y casi llorando le decía al conductor del bus que condujera más rápido, pero obviamente el tráfico siempre congestionado en la capital. Mi madre decía ojalá se estrelle este bus, o pase algo para tener una verdadera excusa y que su padre no vaya su ira despertar. Apenas llegábamos a casa, él le empezaba a reclamar, le decía malas palabras, pero ella parecía estar acostumbrada, o lo sabía disimular, todos sin excepción le teníamos mucho miedo a mi papá, no había paz. Pero al rato mi madre estaba muerta de risa con el como si nada hubiera pasado y se iban a la cama a recostar.

Nosotros mirábamos con tristeza y con envidia, como otras familias se les veía el amor de verdad, nosotros vivíamos con la ropa sucia, ni que hablar de ropa nueva pues muy pocas veces solíamos estrenar. También cabe destacar que teníamos compañía y eran las pulgas que Dios mío, cada vez que de casa solíamos cambiar, ellas formaban parte de la mudanza y siempre con nosotros se les veía andar.

Hay recuerdos que yo le pedí al cielo me hiciera olvidar, así que he tenido que recurrir a mis hermanos para que ellos la memoria me la hagan refrescar. Día tras día, maltratos, malas palabras, nunca se sabía que se podía esperar, pues si mi padre tenía un mal día descargaba su ira con nosotros, de esa manera se lograba calmar. Así que yo aprendí a ser más fuerte y él decía que yo era la rebelde, la oveja negra, pero a mí no me gustaba la injusticia, siempre me le enfrentaba.

Los años iban pasando, nosotros creciendo y más fuerte nos íbamos convirtiendo, así que los golpes no nos dolían de la misma manera. Algo que a mi padre le ofendía era que yo lo mirara fijamente como queriéndolo retar, él me golpeaba y yo me aguantaba las ganas de llorar. Eso le enfurecía más y más fuerte me volvía a golpear. No era solo yo que esa actitud llegaba tomar, mis hermanos de la misma manera solían actuar. Él no tenía contemplación porque yo era mujer, no señor, él con lo que fuera me lograba golpear, al punto que con los puños me rompía la nariz y como a un hombre me empezaba a maltratar.

En cuanto a la alimentación, esta solía escasear, mi padre hacia mercado, pero mi madre, odiaba cocinar, así que les salían raíces a las papas, las cebollas y los tomates se dañaban, había mezcla de olores pero era de lo que se descomponía la comida que ni si quiera se cocinaba y hasta la carne, de color cambiaba, por el, tiempo que en el refrigerador lograba pasar. A la leche, le echaba agua y así lograba hacerla rendir más, nosotros peleábamos por las natas, pero que va, mi mamá nos ganaba, porque una vez hervía, así fuera pura agua ella la sacaba y se la comía a escondidas pues también le encantaba. Hubo una época que durante mucho tiempo nos servían un plato lleno de arroz y una tajada de salchichón, la mayoría de las veces para mi padre era carne asada y ese olor, que sensación, y que alegría todos nosotros emocionados porque íbamos a comer mejor. Pero mi mamá decía, esa es la carne de su papá, porque él es el que trabaja, así que es para el patrón. Entonces mis hermanos y yo, peleábamos por obtener el pedazo más grueso de salchichón. De cena, no faltaba el agua de panela con un roscón o pan pera, a veces era pan inflado, pero nos lo comíamos de a pequeños pedazos y así disfrutar su sabor. No sabíamos que era comer frutas o verduras, descalcificados estábamos y hasta creo que un poco eso afectó en mi estatura, aunque la familia de mi madre ha sido de estatura baja, en cambio la de mi padre siempre fue alta.

Una anécdota curiosa, el papel higiénico había que hacerlo durar, mi mamá nos daba de a tres o cuatro cuadritos a cada uno para poderlo usar, pues compraban de a rollo, yo creo que, por quincena, después de ahí se demoraban para volver otro rollo comprar. Una vez se acabará este nos daba hojas de papel periódico, o con las bolsas de papel que nos daban al comprar el pan y teníamos que arrugarlo para así no maltratarnos, cuando nos íbamos a limpiar.

Muy pocas veces con toda la familia llegamos a celebrar las fiestas de navidad, Pero algo tengo que destacar, que cuando solo eran mis hermanos, mi mama y a veces mi papa (pocas veces que con nosotros se quedó El a cenar), ese era el único día del año que comíamos pollo asado y eso era una alegría total, un pollo para 6 personas, pero eso no importaba de verdad, lo comiamos con tal agrado, hasta los huesos nos chupábamos que felicidad. Otro detalle es que ese día alguna prenda diferente iríamos a vestir, recuerdo que mi mamá con anticipación la compraba, a veces mis tíos también nos obsequiaban, pero no era algo que siempre pasaba. Mi padre a veces estaba un rato con nosotros y con sus amistades se iba a festejar y bueno él tenía más de un hogar que visitar. Mi madre en cambio ese día temprano se iba a acostar, veía un programa que le gustaba, el show de las estrellas se llamaba y se quedaba dormida esperando a mi papá.

Volviendo al tema de la celebración de navidad, algunos lugares donde vivíamos tenían azotea o terraza, mis hermanos y yo en medio de la tristeza y vacío que sentíamos esa parte nos ponía sentimental, pues solíamos desde allí ver los juegos pirotécnicos explotar. Recuerdo que la gente lograba improvisar, se utilizaba una esponja de alambre llamada bombril para la losa lavar y así chispas de fuego sacar. las calles de colores pintadas, pues concursos se celebraban, se sentía un ambiente de felicidad. Cerraban las calles de la cuadra, los vecinos parlantes solían sacar, colocaba música decembrina y todos los días la novena se celebraba, ese será, un grato recuerdo que nunca voy a olvidar. Todo un año esperábamos ese gran día, el día de Navidad.

Ya para el resto del año a mi mamá buscaba ropa de segunda mano, de sus amigas o familiares que ya no la querían usarla más. Hay fotos donde parezco de más edad, pues era ropa larga, estilo de señora y yo era solo una niña, que ni la moda, ni el material a mí se ajustaba. Pero en medio de esa escasez a Dios doy gracias porque algo tenía para vestir. En mi situación, en mi época y cultura, no podíamos escoger qué usar. Todo era a gusto de los padres, nosotros no podíamos opinar. A veces durábamos varios años con la misma ropa no teníamos elección. Los pantalones quedaban pantaneros, las blusas cortas, medias rotas y bueno los zapatos dos tallas o 3 más grandes para así ellos no tener que volver a comprar.

Por parte de la familia de mi Papa durante el año algunas celebraciones familiares se lograban programar, eso se realizaba si mi papa con mis tíos no se peleaba. Mi abuelo paterno muy joven falleció, así que mi abuela con mi papá y sus dos hermanos quedó. Mis tíos eran buenos con nosotros, siempre tuvimos apoyo, pero mi papá cuando se enojaba con ellos no había visitas, mucho menos llamadas. Pero mi tío y mi tía (su hermana), siempre de nosotros pendiente estaba, ella de mi cuidaba, me defendía y muchos insultos de mi padre se ganaba. A la edad de 8 meses de nacida, mi padre la boca me rompió, solo porque lloraba de hambre y Él con fuerza, el chupo me refregó, lastimo mis pequeños labios, sangre de allí brotó. Mi tía se enfureció y durante varias semanas mi padre evitaba que ella se me acercara, el eliminaba todo tipo de comunicación.

A través de los años, muchos sucesos similares se presentaban, mis tíos solían programar alguna reunión para poder compartir y oportunidad para con mis primos poder jugar. En más de una ocasión mi tía a su casa nos llegó a invitar. Ella siempre con una sazón riquísima, le coloca amor a todo lo que cocinara, así que cuando a su casa llegábamos a ella le daba gusto comida preparar. Mis hermanos y yo normalmente nos comíamos todo, hasta por las sobras solíamos pelear, (comida extra, pensábamos), que más podíamos pedir. Esto era un manjar que debíamos aprovechar, así que no era difícil de elegir, nada desperdiciábamos, todo aprovechábamos, no sabíamos si eso se volvía a repetir. Mis padres nos regañaban y nos amenazaban diciendo "esperen que lleguemos a la casa," además de los pellizcos que mi madre nos daba y solían decir, "disimulen parecen muertos de hambre, ¿la gente que va a decir?". A nosotros no nos importaba, sin temor ni vergüenza, toda la comida nos lográbamos embutir.

Normalmente, mi mamá solía llevar bolsas plásticas en su cartera, cuando iba de visita donde sus amigas y después de comer y si sobraba, lo colectaba y decía "Tengo unas gallinas y unos perritos", así que una vez llegaba a casa, de eso hacía un recalentado y bueno todos lográbamos comer. Muchas ocasiones le daban los cueros crudos de las gallinas y eso mi mama lo ponía a freír y para nosotros eso era un chicharrón crocante y pues el olor que por la casa se repartía, el apetito nos hacía abrir. Después con el tiempo el menú cambiaria, ahora seria cebada de noche y cebada de día. Para ir a hacer la compra, íbamos a un mercado que quedaba en otro barrio, mi padre nos hacía caminar por largas horas, quería ahorrar el dinero del trasporte para comprar cigarrillos, que gran vicio. Todos nosotros respirábamos ese humo, que con el tiempo nos convertiríamos en fumadores pasivos. Dejaba el cenicero en la mesa de noche y yo solía las colillas prender y tratar de fumar. Quería descubrir qué sabor tenía y porque mi papá fumaba tanto de noche como de día. Claramente no encontré ningún sabor agradable pero aun así eso me hacía sentir grande.

A mis 13 años, en una mujer me iría a convertir, el periodo me bajaría y extraña me empezaría a sentir. Recuerdo que ese día fue noticia mundial, no por mi periodo claro está, ese día en particular, una noticia nos despertaría, un volcán en Colombia hizo erupción era el Volcán

Nevado del Ruiz, en Armero, Tolima en el año 1985. Que devastación, 23.000 muertos dejo. La lava cubrió completamente la ciudad, todos estaban dormidos un sueño del que nunca volverían a despertar. Después de ese episodio, en campo santo se convirtió, no hubo manera de rescatar los cuerpos. Así que si señores ese día mi periodo menstrual empezó. Le dije a mi madre que no me sentía bien, ese día ya no era una niña, pues me convertía en una mujer. Ella me dio un trapo para que lo usara en lugar de toalla higiénica, estaba confundida y muchas preguntas empezarían a rodar en mi cabeza, dolores en mi pecho, cólicos insoportables, cambios hormonales, pero no tuve respuesta ni orientación, más que no hay plata, así que tan pronto ensuciaba el retazo de tela, me colocaba otro de reemplazo, mientras el primero lo ponía a secar. Necesitaba desodorante pues con este cambio hormonal, lo necesitaba usar, la respuesta más rápida y corta medio limón y úsalo pues plata no hay. Yo no le veía problema, pues sabia la situación que a diario pasábamos y esa era la realidad. Pero mi madre era fría, nunca tuve esa relación que las hijas tienen con su mama, cómo me decían mis compañeras, mi mamá es mi mejor amiga, secretos no le puedo ocultar. Eso si mi madre muy trabajadora, Nadie se lo puede negar. Así que yo en el colegio me solía desquitar, era traviesa y en pleitos a menudo me lograba involucrar. Creo era el dolor que llevaba dentro, de alguna manera lo buscaba desahogar, era indisciplinada hasta tenía matricula condicional. Excelentes notas en mis grados académicos, pero en disciplina ni que hablar. Me montaba en el techo de la escuela, cuando los balones de voleibol con fuerza lográbamos lanzar. Era un colegio de mujeres, las maestras habían estudiado en colegio de monjas así que muchas normas querían implantar. Por lo regular en los colegios mi madre pedía los uniformes viejos o de otras alumnas que al graduarse no usarían más. Al principio no quería, pues yo quería algo nuevo, pero parecía que esa era la vida que me tocaba llevar. Todo de segunda mano, eso si en buen estado, aunque a veces algunos me quedaban grandes pero mi madre decía eso con el pasar de los años a su cuerpo se ajustara.

Un grupo grande había formado en mi salón, pero no éramos solo nosotras, también habían otros grupos, pues éramos tres salones del mismo grado, así que para evitar conflictos y rivalidad, decidieron al siguiente anó, unificarnos y formar nuevamente tres salones al azar. Total, dividieron a mis amigas, 3 en un salón, 3 en otro y a mi sola me dejaron, me sentía como niña nueva. Pero los profesores lo hicieron porque según yo era la que promovía la indisciplina. Eso no me detuvo, pues teníamos los mismos profesores, así q en lugar de tomar las clases en mi salón, me iba con mis compañeras y yo decía al maestro que tenía dudas y por eso necesitaba reforzar las clases, asistiendo a las otras. En otra ocasión decidieron elegir me como la monitora del salón de clases, pensaban que, si yo era la encargada, mi disciplina mejoraba y así dolores de cabeza no les daba.

Pues no sucedió así. Al contrario, yo hacía que se pararan en los escritorios e hicieran alboroto, porque si yo era la encargada, pues nada les iba a decir. Recuerdo que un día una compañera escribió frases no muy agradables en el tablero y no teníamos con que borrar. ¿Así que como pude agarre una escoba y con eso empecé a limpiar, en ese momento el maestro me pega un grito "señorita que cree que está haciendo?" Le dije, no se ofenda maestro estoy limpiando para que la clase la pueda empezar, "usted no tiene remedio, vaya ocupe su lugar", Él se sonría queriendo simular. Una clase que no me gustaba era manualidades, nos hacían hacer sacos en croché, lo máximo que hice fue una manga, de resto le pagué a diferentes compañeras para que me hicieran el resto de las partes y cuando lo fueron a juntar, eso era un disparate. Una manga más larga q la otra, el tejido de la parte de adelante más apretado que la del espaldar. Así que lo he lavado y la plancha le he pasado y parecía un saco para gigantes, eso era una barbaridad. Igual tuve que llevarlo a una exposición y por su puesto el mío nunca iría a ganar, igual ya había pasado mi grado entonces no me interesaba en que lugar iba a quedar. Eso si me gustaban los deportes, básquetbol, voleibol, Pingpong y otros juegos más. Fui una adolescente ruda, rebelde y si alguien se metía conmigo no importa si fuera hombre, yo solía fuertemente pelear.

Mi padre escuchó por una estación de radio el nombre de un pastor que el reconoció de inmediato. Habían sido compañeros de escuela en Barrancabermeja, su ciudad natal. Así que mi padre decidió irlo a visitar, este pastor tenía una iglesia pequeña y le dio mucha alegría saber de mi papá. Así que empezamos a asistir a la iglesia. Pero mi papá seguía siendo el mismo con nosotros, solo que cuando a la iglesia asistía mostraba otro rostro. Y con el tiempo ese lugar sería parte de nuestro espacio, para podernos desahogar. El nos regañaba porque hacíamos mala cara para ir al servicio dominical. Así que poco a poco le cogimos cariño a la gente de la iglesia y mi papá enfurecido, no quería que fuéramos más.

A los 14 años, un mal momento haría a mi padre pasar, él nunca iba a recoger mis notas de la escuela, que extraño porque siempre lo hacia mi mamá, así que la maestra les dio la bienvenida a los padres y dijo vamos a empezar voy a pasar lista y padre que mencione, padre que al frente tendrá que pasar, y las notas reclamar, por cierto, a casa se las puede llevar. Así que me mencionaron de 5 lugar, entre 45 y mi padre, muy orgulloso al frente fue a pasar, cuando reviso las notas una sorpresa se iba a llevar, estaban llamando de atrás para adelante ósea yo era de las más bajas calificaciones, en conclusión, era la numero 40 del salón. En medio de esta situación, tuve suerte, me salvé de esa golpiza porque me enviaron donde mi abuelita la que me quería, así que solo una llamada mi papá me hizo y por teléfono me insultó, pero no me importaba, estaba lejos de su alcance así que después se le iría a olvidar. Pero no, este es el día que todavía se acuerda y dice que bochorno tan grande le hice pasar.

Para mis 15 años, el sueño de toda niña, que se suponía se iba a celebrar, me imaginaba una gran fiesta, comida, regalos, y mucho más. Eso era soñar muy alto, solo en las películas lo veía o en la casa de mis amigas cuándo escuchaba, lo que sus padres planeaban para sus hijas impresionar, desafortunadamente ese día un suceso acompañaría mi triste realidad. Muy temprano en la mañana, una evaluación tenía que presentar, era la habilitación de matemáticas y si la perdía el año escolar tendría que volver a empezar.

Muy baja nota saqué así que no la logre pasar. Llamé a mi mamá por teléfono asustada para darle la noticia y ella pego el grito y decía prepárese para cuando se entere su Papa, pues sabe cómo se pone y le va a dar con lo que encuentre. Ese día un aguacero caería, todo parecía una tempestad, que suerte de mi vida, todo era tristeza, miedo y prepárame física y mentalmente, para la golpiza que me iban a dar. Tan pronto entre a la casa, a su habitación me tuve que reportar y me dijo: "por haber perdido la habilitación debería darle una paliza, pero es su cumpleaños, así que no la voy a castigar y tome eso como un regalo". Yo lloraba y recuerdo que tenía un cuaderno con hojas arrugadas, describía, como me sentía y después las notas destruía, pue no quería que mi padre se enterara, lo que dentro de mi pensaba. Nunca supe que era tener una fiesta de cumpleaños, para mí nunca existió. Muchas veces mi madre olvidaba las fechas y las confundía con las de mis hermanos, de repente decía feliz cumpleaños y nosotros confundidos entre nosotros nos mirábamos, felicitaba a uno de mis hermanos y pasados varios días decía oh no, decía "me he equivocado" y así el tema así quedaba el tema cancelado.

Tengo gratos recuerdos toda una fiesta de celebración de cumpleaños que se realizaron para mi hermano Cristopher, fue cuando el cumplió desde los 3 a los 5 años. Que buenos recuerdos tengo de esos momentos, parte de los snacks mi madre los preparaba, pues estaba colocando en práctica uno de los cursos que había realizado, muy talentosa ella con lo que le gustaba, eran unos pingüinos hechos con huevos y algunas cosas más. Todos disfrutamos, nos reunimos los primos y era la oportunidad de poder compartir y poder jugar. Pero eso sí debíamos tener cuidado con lo que decíamos en público, o cualquier comentario mal intencionado, porque después mi padre nos la iba a cobrar.

Algo que siempre llevare en mi memoria es que, en la época de adolescencia, mi madre tortas solía preparar, había hecho un curso de pastelería y cuando alguno de nosotros cumplía años era una buena oportunidad. Preparaba cobertura con la clara de huevo, le rallaba cáscaras de limón Y nosotros nos chupábamos los dedos. Ella trataba de hacer algo para nosotros, pues trabajaba muy duro eso era de admirar y tarde la noche llegaba agotada pues le tocaba mucho caminar.

Mi mamá trabajaba y mi papá bastante tiempo pasaba en la casa. Tenía ofertas de trabajo, pero él las rechazaba, decía que no estaban a su nivel, o no permitía que alguien menor que el fuera su jefe. Así que mi mamá era la proveedora de la casa, muy trabajadora ella, siempre le gustaron las ventas y la facilidad que tenía para con la gente hablar.

En cuanto a mi papá manteníamos con miedo, tan pronto él llegaba de la calle, la agonía empezaba a azotar, todos, corríamos por la casa buscando hacer algo o disimular, yo me iba para la cocina simulando que lavaba o algo estaba por organizar, pero en algo nos teníamos que ocupar. Él solía decir, "yo soy el capitán del barco, ustedes marineros rasos nada más, o yo soy el jefe de la obra, ustedes ordenes obedecerán pues obreros simples serán." Siempre nos solía disminuir, él siempre era lo más importante de la casa, nosotros no éramos nada, solo teníamos que sus órdenes cumplir, repetía constantemente agradezcan que no les doy la corrección que su abuelo me solía dar a mí.

Cuando mi papa se iba de la casa, era un alivio y sentíamos que podíamos respirar. La vida transcurría como de costumbre, mis hermanos y yo solos en la casa solíamos pasar. Siempre en las reuniones de la escuela me daba envidia ver a mis compañeras de colegio, con sus padres caminar, las abrazaban, hacían chistes, les daban besos, y yo solo podía suspirar. En mi mente solo me cuestionaba, ¿porque me tenía que a mí pasar?, ¿porque no tengo el amor de padres como los demás? ¿La gente me preguntaba, oh es usted única hija? ¡¡Debe ser la más consentida!! y apenas en mi mente solía pensar, si esto es ser consentida mejor no quiero respirar. Por parte de mis padres nunca me sentí especial.

Esto era parte de la vida que me estaría formando para un mundo cruel tener que enfrentar. Los recuerdos y las maldiciones me seguirían, había muchas declaraciones que mi padre repetía cada día sobre mi vida y eso me disminuía sintiendo que no valía nada y cómo él decía yo tenía que fracasar.

CAPÍTULO 2

ABUSO CONTINUO

Recuerdo que un día mi papá, una diligencia tenía que realizar, y siempre por alguna razón algo se le tenía que olvidar, así que a la casa le veíamos 5 min después de irse, volver a regresar. Un día en particular a mi madre le regalaron unos pantalones por si sabía de alguien que los quisiera usar, aprovechando que yo estaba sola los decidí probar, era la primera vez que me probaba unos pantalones porque nada de eso me dejaban usar, más que faldas o vestidos y largos como los de mi mamá. Así que me puse el pantalón y estaba frente al espejo tratando de descifrar, ¿qué tienen los pantalones? ¿Porque no los puedo usar? Y oh sorpresa mi padre se ha regresado, al verme vestida así se ha enojado y empezó a gritar, vagabunda, prostituta, ¿para dónde cree que usted va? Le dije para ningún lado, esto es ropa que le han dado a mi mamá para regalar, solo estaba probando, pero ya me la voy a quitar. Pero él en su enojo solo se le escuchaba blasfemar, mariguanera, usted nada ni nadie en este mundo será. Eso es lo que la vida le ha de deparar, usted no sirve para nada, vaya póngase a hacer algo, lavar o cocinar. Yo muy triste sollozaba y solo quería gritar, miraba al cielo y decía padre llévame ya, ¿que acaso no soy tu hija? Porque por esto tengo que pasar, soy la oveja negra, para mí nada bueno existirá. Cabe resaltar que hubo algunos momentos buenos, y tengo que mencionarlos y darle crédito. Fue una época donde a mi padre le gustaba jugar parques, nos reunimos con mis hermanos pasábamos horas, teníamos que tomar ventajas de esos momentos, pues él se encontraba de buen genio, no se sabía cuándo se repetirían. Hubo una época que de repente empezó a saltar lazo pues quería estar en forma y creo que le servía para liberarse del estrés. Para ese tiempo mi papá había perdido su empleo, los amigos que decían ser de verdad amigos, habían desaparecido, así que pasaba más tiempo en la casa y eso era realmente malo para nosotros, no teníamos paz. Mi madre tuvo que buscar empleo, se iba desde las 5:30 am y regresaba 10:00 pm. Muy trabajadora ella siempre vendiendo, seguros, ollas, perfumes, ofreciendo gas natural para las viviendas y hasta cosméticos. Ella trabajaba para llevar algo de sustento, y así mismo ella distraerse porque la convivencia era fatal, recuerdo que compraba las onces del recreo al mayoreo y había que hacerlos rendir por un mes entero. Uno de los pasatiempos que mi mamá tenía con mi padre era ir a visitar a una política que a la vez la llamaban bruja y ellos pertenecían a esa congregación se llamaba Regina 11, decía que venía del espacio y tenía pirámides así que mis padres compraban aceites, aguas y hasta la fotografía de Regina como amuleto. Mi madre tomó cursos de parapsicología y practicaba con una gallina que teníamos de mascota (hasta que un día la vimos en la olla de la sopa) y a nosotros nos hacía acostar y cerrar los ojos para que le escucháramos lo que nos decía y nosotros simulábamos que estábamos hipnotizados. Mi madre solía tomar cada curso que fuera relacionado con ciencias ocultas, como también tomó cursos de tarjetería, pirograbado, belleza, y otros más.

Hago un paréntesis en esta parte: A veces uno habla por hablar y sin darse cuenta la otra persona está recibiendo un mensaje subliminal. Constantemente mi madre solía repetir, no tomen pastillas, medicina que se encuentren en el suelo, porque podrían morir. Una idea me había dado, ahora rondaría en mi cabeza y seria la respuesta que necesitaría para acabar con mi vida y ponerle fin a mi existencia. Así que, cuanta pastilla encontraba no lo pensaba dos veces, la consumía, no importaba para qué o de quién era, solo quería acabar con mi vida y dejar de sufrir. Cierto día visitaba a mi tía, una oportunidad iba a surgir, estaba ayudando a limpiar una habitación de un apartamento que ella solía rentar y muchas pastillas encontré de un inquilino que vivía allí. Era medicamento para el corazón así que las decidí consumir. Me tomé alrededor de 6 pastillas y estas me mandaron a dormir, desperté después de varias horas, y triste miraba al cielo y repetía. ¿Qué pasa? tan despreciada soy que hasta la muerte huye de mí?, no tuve otra alternativa que sacudirme la ropa y seguir limpiando, total estaba viva excusa no tenía para huir. Muchas veces a mi vida intente ponerle fin, recuerdo que muchas veces planee terminar con todo y hasta cartas de despedida solía escribir. Pero siempre algo pasaba y mi cometido no podía cumplir. Recuerdo que intenté tomar baygon, un veneno para las pulgas, pero algo extraño iba a ocurrir... Tuve un sueño que claramente hasta el día de hoy recuerdo, y era la cara de un ángel en el cielo que me sonreía, el rostro de una mujer adulta, su cabello blanco como algodón, me decía "no temas hija mía, ya no sientas temor", y el solo observarla me daba alegría a sí que desperté con gran emoción, rompí la carta de despedida pues no la necesitaba, el temor de mi se apartó. Al día siguiente mi padre como raro estaba de mal humor, mi hermano algo le había contestado, así que sin contemplación dijo traiga la correa, esto no me lo aguanto yo. "No le pegue a mi hermano", le supliqué yo y mi padre peor se enfureció... dijo yaaa usted también quiere golpiza? pues venga, aquí le doy... y yo le dije pues pégueme y lo extraño es que él me golpeaba y a mí nada me dolió. Él solo me observaba pues quería que llorara de dolor, pero nada de eso ocurrió, yo tenía mucho valor. Jamás olvidare ese día, quedo marcado en mi corazón, porque estaba decidida a acabar con mi dolor, pero, mis planes no eran los planes que tenía Dios. Un día en las noticias había gran conmoción, pues varios niños por descuido de los padres ingirieron pastillas de pólvora o totes, de esas que revientan en el suelo, en cuestión de horas los pequeños murieron, pues explotaron por dentro y sus cuerpecitos destruyó. Para esa época recién había pasado diciembre, así que se me ocurrió que podía de esos mismos totes conseguir, no eran difíciles de adquirir, me fui sola de tienda en tienda y que casualidad que en ninguna las logré conseguir, decían que estaban agotados y nuevo pedido estaba por venir. Ese era otro fracaso que sumaba a la lista de mis tristezas y empecé a creer, que todo lo que mi papá declaraba para mí, se iba a cumplir. Yo no era nada, ni nadie, y nada en la vida lograría conseguir, total mi padre era el presidente y nosotros sus órdenes deberíamos cumplir. El utilizaba muchos ejemplos para podernos disminuir, él siempre tenía la razón de todo, aunque se equivocara, todo para él se justificaba, al final de cuentas él era el número uno en casa y no se le podía contradecir. Al pasar el tiempo, nueva técnica tenía que conseguir, ya no nos dolían sus golpes así que de otra manera nos empezó a agredir, me agarraba del cabello y contra el suelo mi cabeza se hace sentir, y sin importarle nada a patadas me agarraba, no tenía piedad ni compasión de mí, y decía inútil no sirve para nada, y apenas los ojos podía abrir, me daba puños en la cara, hasta la pared la dejaba pintada con manchas de sangre que de la nariz me hacía salir. Mi madre no nos defendía, por el contrario, solía decir, "bien hecho carajo, se lo merecían, eso es para que a la próxima me hagan caso y a él no le vuelvan a contradecir". Pasado un tiempo mi papá perdió la casa, tuvimos que mudarnos de ahí, de trasteo en trasteo, por meses vivíamos en varios complejos y a veces teníamos que huir por no poder con la renta cumplir. Durante muchos años, vivimos así. Eran mudanzas de largas horas porque había muchas cosas, según mis padres todo lo que tenían les iba a servir, recuerdo que nosotros a nuestra corta edad amanecíamos con dolor en todo el cuerpo, porque nos tocaba las cosas pesadas cargar. De esos lugares, varios nos echaron y en otros, el contrato no quiso renovar, siempre era problema de dinero y cada vez de escuela teníamos que cambiar o caminar más para poder ir a estudiar. Varios de esos barrios eran peligrosos, pero a Dios gracias nada malo nos fue a pasar. Pero si recuerdo de un par de casas que se escuchaban ruidos, se apagaban las luces y espantaban de verdad. Uno de esos lugares fue la casa de mi abuela paterna, ahí sí que espantaban de verdad, pasaron varios sucesos que hasta el día de hoy me ponen a temblar. Durante un largo tiempo tuvimos que mudarnos a la casa de mi abuela, pues mi papa no tenía trabajo, ni dinero para la renta pagar. Así que nos tuvimos que acomodar todos en un cuarto y todas las cosas dejarlas amontonadas. Mi padre solía decir que el espíritu de mi abuelo rondaba la casa y él nos venía a visitar. Así que se prendía el televisor, el radio, pasos se escuchaban desde el primer piso hasta la segunda planta, no importaba si era de día o de noche, a cualquier hora nos espantaban. En el tercer piso era la azotea o terraza y ahí teníamos un perro que a veces aullaba como lobo y eso nos alarmaba. Yo resulté siendo sonámbula, me despertaba después de medianoche y me colocaba los zapatos de mi hermano el menor, iba al baño, subía las escaleras y a la azotea solía subir y luego bajar las escaleras, que por cierto no tenía baranda a los lados, fácilmente podía caer de esa altura al primer piso, pero dormida caminaba como si nada. Mis padres solo se reían porque les parecía gracioso que yo sonámbula caminara. Ellos empezaron a jugar con la tabla OUIJA y cada vez más los ruidos se asentaban, era una energía negativa que se vivía en todos los rincones de la casa. Mi abuela le gustaba practicar todo lo que fuera rezos, riegos, además de practicar la botánica y cosas que se hacen en los pueblos, sahumerios, limones en cruz, tijeras que colgaban de su puerta y tenía que dejarlas abiertas, la escoba patas arriba, que para espantar las brujas y muchas otras cosas más. Recuerdo que en varias ocasiones en su cama me quede a dormir, pues no teníamos suficientes camas y a veces teníamos que compartir, algo ella tenía que a diario hacer antes de dormir, si ella no dejaba las tijeras y la escoba en la puerta, al despertar yo amanecía morterada, es como si me hubieran golpeado en todo el cuerpo, pero nada de esos moretones me dolía. Según mi abuela eran brujas que venían a dejar sus marcas, porque no le gustaba que con ella me quedara. También hacia cruces de azúcar y velas que por cada esquina de la casa prendía, tenía un cuadro de la mano poderosa y muchos santos que ella creía, tenía fe que milagros realizarían. Todos los días, escuchaba una emisora donde hablaba sobre trabajos que les hacían a las personas y ella dormía tarde porque todo eso le emocionaba. Un día decido acostarse al revés, en vez de colocar la cabeza en la almohada, ese día decidió colocar los pies. El techo se ha caído en la madrugada y por suerte a mi abuela no le paso nada. Pero si ella hubiese dormido como siempre, colocando la cabeza en la almohada, seguramente habría muerto o mucho daño se hubiera hecho en la cara. Accidentes sin pensar pasaban al frente de esa casa, un camión de cerveza se volcó y un muchacho que en bicicleta pasaba, el camión inesperadamente perdió el control y al muchacho aplastó y su cabeza rodó y mi abuela estaba observando desde la ventana. En casa de mi abuela solía tener dos locales para la renta, pero por causas inexplicables la gente se iba sin pagar la mensualidad, o simplemente negocio que se abría, negocio que fracasaba. Decidimos un local utilizar para vender chance y lotería, mi padre decía que él era el administrador y nosotros teníamos que trabajar para ganarnos algo de dinero, pero que va, nunca nos daba nada. El permanecía en casa recostado o viendo tv y mi hermano Manuel, Cristopher y yo éramos los encargados de permanecer todo el día vendiendo chance hasta anochecer, solíamos llevar las cuentas a la casa principal. En ocasiones mi padre iba porque tenía que mostrar a los demás que él estaba trabajando y el producido iría a depositar. Pasábamos días con mucho frío, con varias chaquetas, abrigos y tomando agua de panela. Mi abuela solía hacer arepas y empanadas para la venta, así que desde el viernes y durante el fin de semana ella nos enviaba con una canasta llena, y desocupada a la casa teníamos que regresar. Por el sector había varias cantinas y las personas bebían y al mismo tiempo compraban algo de merendar. Era una buena venta que ella se levantaba, ella nos daba alguna moneda y eso para nosotros bastaba, pues ya era nuestra ganancia. Ella tenía en la azotea de la casa el tanque del agua, era super congelada, ella recogía también agua de lluvia, y con eso ella lavaba el baño, la cocina y parte de la casa, recuerdo que cuando nos bañábamos, era con totumas para sacar el agua, era horrible el dolor de cabeza que esto nos ocasionaba, pues era agua helada, así que nos bañábamos en menos de 10 minutos, también tenía un gallinero, creo que su canto despertaba a toda la cuadra, y vecinos venían con sobras de comida para alimentarlas y bueno mi abuela de vuelta dulces les daba, o pedazos de torta que ella preparaba. Muy recursiva ella, no tenía pensión ni recibía herencia, pero la comida nunca le faltaba. Ella en las mañanas temprano se levantaba, hacia ejercicio y se iba caminando por largas cuadras, a veces la acompañaba, siempre pasábamos por el frente de unos supermercados y los dueños de estos lugares en el afán de sacar los bultos o costales, dejaban caer semillas de maíz, frijoles, alverjas y mi abuela se inclinaba a recogerlas y las guardaba en sus bolsillos. Al cabo de 20 días, tenía lo suficiente para preparar una sopa y todos contentos porque ella sí que tenía talento para la cocina, podría llegar familia sin avisar y siempre un plato de comida tenía para invitar. Ella no desperdiciaba nada, las cascaras de la naranja las colocaba al sol para secar y hacia bebidas para la sed mitigar. Las cascaras de los huevos trituraba y eso era abono para las plantas. Con las semillas de la naranja solía hacer un agua para podernos purgar, al principio era amargo, pero con el tiempo gusto le iríamos a encontrar. Así que eso nos daba energía y bueno en esa casa tan grande siempre había algo que realizar. Cuando se le dañaban las ollas por viejas, ella parches de tela le solía colocar, esas ollas eran eternas nunca se irían a acabar. Y del arbolito de navidad ni hablar, ella le colocaba una bolsa negra y al otro año el arbolito ya estaba armado pues ningún adorno había quitado. En una ocasión mi papá se fue al campo y trajo bacilos de una bebida cacera de un pueblo y empezó a hacerlos multiplicar, también otra bebida que con cascara de piña y panela en una olla de barro los solía preparar, al cabo de varios días esto se empezaba a fermentar. Todos los días y desde temprano se tomaba esa bebida hasta lograrse embriagar. Un día se pasó de tragos empujo a mi abuela y lastimo a mi mama, la empujo tan fuerte que cayó al piso y una rodilla se salió de su lugar, mi madre no se podía levantar mucho menos caminar. Mi padre empezó a romper todas las cosas y luego sus muñecas logro cortar, pasaba la sangre por todas las paredes de la casa como marcándola, estaba loco, su cara transformada estaba ya. Su fuerza aumentaba, no había nadie que lo pudiera detener, todos le gritábamos "para yaaa" pero nada lo lograba calmar, al contrario, tenía más fuerza de lo normal. Mi hermano mayor como pudo un puño en la cara le dio a mi papá y este con furia intento a mi hermano golpear, pero este ágilmente, bajo las escaleras dirigiéndose al primer piso, logro encerrarse en un cuarto y el seguro de la puerta poder pasar. Al lado del cuarto una ventana pequeña se encontraba, pero mi padre con su mano rompió el vidrio y se logró entrar. Mi hermano logró salir con agilidad y una vez subiendo las escaleras para el segundo piso mi padre lo logró alcanzar, ha colocado las manos en el cuello de mi hermano intentándolo ahorcar. Todos gritábamos por la tragedia que él estaba por ocasionar, otro de mis hermanos y yo tratábamos agarrar las piernas de mi papa para hacerlo echar para atrás, pero parecía que tenía la fuerza de tres hombres o más, ni mi mamá ni mi abuela lo podían controlar. Después de eso, en un descuido de mi papá, logramos salir hacia la calle y correr sin mirar atrás, pero al cabo de media cuadra escuchamos a mi padre gritar, salió en pantaloncillos, sin camisa y descalzo nada le lograba avergonzar. Mi mamá no podía caminar pues mi padre le había lastimado fuertemente su pierna y ella no dejaba de llorar, decidimos llamar a mi tío (hermano de mi papa) para que nos viniera a rescatar. Él se enojó mucho porque muy seguido lo llamábamos para que nos ayudara con mi papá. Él logró llegar a medianoche y se ha iniciado una batalla campal, donde hasta el nombre de la esposa de mi tío vino a rodar. Tuvimos que regresar a casa, pues estábamos seguros que ya estaría calmado y no queríamos la noche en la calle pasar. Después de eso mi padre logro quedarse dormido del cansancio, pero al día siguiente la función iba a continuar. Una visita inesperada estaba por llegar, era la esposa de mi tío, que su nombre venía a limpiar, le hizo reclamo a mi padre por las cosas que había dicho la noche anterior, porque a causa de esos comentarios su matrimonio podría perjudicar, causando una separación. Ella, fuerte ha golpeado a mi papá, tanto así que a mi padre sus heridas, volvieron a sangrar, Él, se excusaba diciendo que no se acordaba de nada. Después de un tiempo trataron de vender esa casa, todas las de su alrededor han podido venderla, pero la casa de mi abuela algo siempre pasa. Había un rumor, que en la casa una maldición existía y por era que todo negocio fracasaba. Pasado un tiempo mi abuela se fue a vivir con mi tía, mientras a la casa reparaciones le hacían, pero indigentes fueron a habitarla pues había durado mucho tiempo desocupada. Dicen los vecinos que los indigentes estaban escuchando música y tenían botellas de licor y también cigarros pues hacía mucho frío. De repente en el silencio, escucharon voces, gritos que los sacaron corriendo, así sería el temor que dejaron todo tal cual, licor, grabadora, vicio, cobijas y mucho más. Uno de ellos dijo que todos salieron despavoridos y ni siquiera había nada consumido, desde ese día nunca más por el sector se les volvió a deambular. Tiempo después nos fuimos de la casa de mi abuela, pues la casa se puso en venta y hasta el día de hoy sigue desocupada. Nos mudamos a una casa de inquilinato, vivían varias familias, compartíamos el lavadero y el patio. Mi padre tenía unos pericos australianos y un loro los cuales desaparecieron a la mañana siguiente, era un barrio peligroso así que los ladrones se metieron por la azotea y se robaron lo que en el patio había, incluyendo un cilindro de gas. En esa casa ruidos se escuchaban, yo estaba en la escuela y de repente llego la moda de la tabla ouija así que yo de aburrida empecé a jugarla desde la casa. Una noche empecé a tener pesadillas, soñaba con gritos y risas, luego me despertaba asustada tratando de cubrirme la cabeza con las cobijas, pero no podía moverlas era como si alguien estuviera sentado o apoyado encima. Por aquella época llegaron unos pastores a la escuela y que sorpresa se llevaron cuando empezaron a preguntar que cuántas de nosotros a la ouija solíamos jugar. De 180 alumnas 160 jugábamos ya, ellos empezaron a llorar y por nosotras empezaron a orar. Se llevaron a tres compañeras a una casa de reposo porque ellas se tiraban al suelo gritando diciendo que veían espíritus qué se las iban a llevar. Eso fue un impacto grande no solo en la escuela, esa moda ya estaba por toda la ciudad. De esto nunca les conté a mis papás, pues nunca se interesaban así que, que más daba, era mejor quedarme callada, igual no les iba a importar. Como parte de nuestro diario vivir, mi papá usaba estrategias diferentes y creo por eso lograba entre otros padres sobresalir, para despertarnos llenaba una taza de agua y con esta nos rociaba en la cara y empezaba a gritar "a levantarse ya", sean productivos, ya es hora de despertar. (ya que él estuvo varios años en el ejercito pues decía que éramos sus soldados, esa era su costumbre). Mas adelante mi madre copio su comportamiento y empezó hacer lo mismo con nosotros, cosa que nos empezó a molestar. Para cuando era el momento de castigo, mi padre, nos hacía formar en fila india y no podíamos colocarnos las manos en las nalgas o empezar a movernos, teníamos que pasar en el turno que nos correspondía, si no, más duro nos castigaría, parecía que eso le hacía sentir que tenía poder y le gustaba humillarnos y hacernos sentir menos. A los 16 años tuve mi primer admirador, eso sí tenía que hacer visita en la cocina porque no teníamos sala y pues mi madre tenía que estar presente. Pero la más interesada era ella, pues cuando llegaba la visita, tenía que llegar con un presente, sea manzanas, queso, caramelos y ella feliz hasta a escondidas se los comía para que no me diera cuenta, ¿ella me esculcaba y siempre decía que nos trajeron hoy? Eso me molestaba, pero era la manera que estuviera tranquila y me dejara tener mi visita. Mi padre el ojo no me quitaba, desde su cuarto me observaba, esta persona siempre muy respetuosa conmigo, la conversación todos la escuchaban, era más una relación de amistad, recuerdo que yo nunca había tenido cuadernos finos, esos plastificados con diseños y bueno este personaje me compro los cuadernos para mi año escolar. Mi padre se enteró y dijo que yo tenía que repartirlos con mis hermanos, así que a mi amigo le tocó comprar cuadernos para todos ellos, porque él quería que yo tuviera los míos del mismo estilo. Un día en ese lugar tuve una discusión con mi madre y yo le reclamé diciéndole que yo nunca le había importado a ella, pues veía como mis amigas tenían una buena conexión con sus madres, pero ella era totalmente seca. Le dije que habían abusado de mí cuando era pequeña, pero ella por andar con sus amigas y en la calle pues nunca se dio cuenta. Ella dijo que eso era mentira, que yo lo estaba inventando porque conocía a la persona y no creía que fuera capaz de una canallada. Nunca más le volví a contar nada a ella, pues confianza no le tenía así que no valdría la pena. Yo vivía en amargura y tenía un solo fin, tener la edad necesaria para de la casa poder huir. Yo cuidaba de mi hermano menor, él era lo único que me detenía allí. Todos mis hermanos concluimos que teníamos que huir, pero el que tomara la decisión algo tenía que cumplir, y era no regresar nunca a casa, no mirar para atrás y así ser feliz. Nuevamente una nueva mudanza iba a surgir, en otra casa de inquilinato nos fuimos a vivir. Gente buena y amable hasta miembros de una iglesia se reunían allí. Mi padre se volvió fanático en extremo y nos obligaba a la iglesia asistir. Después que mi hermano mayor y yo le cogimos gusto a las enseñanzas de la iglesia, pues ya no queríamos salir de ahí, era nuestro descanso, nuestro alivio para no tener que ver la cara de mi padre y su mal genio tener que resistir. Después mi padre nos reclamó y dijo que andábamos de "pipí cogido" una expresión vulgar que quiere decir que estábamos todo el tiempo de cabeza metidos y eso a él no le gustaba. Asistíamos a las reuniones que en la casa se realizaban, era un momento de paz para mí. Hasta que un día una líder se acerca, me dice hermana, siento en mi corazón que algo tengo que decir, ¿quiere usted cuadrar una cita y así podernos en mi casa reunir? Siento algo extraño, veo tristeza en su rostro, usted está sola y tengo algo para decir, cuando quiera vaya a mi casa y así tranquilas podemos la palabra compartir. Esta señora, ya anciana era muy dulce, no me podía rehusar, así que decidí a su casa ir. Pasada una semana, me ha llamado esta hermana para la cita poder cumplir, le pedí permiso a mi padre y dijo que no había problema, su casa era cerca, yo emocionada me alisté y a mis hermanos les había dicho a donde iba a ir, de esta manera si mis padres preguntaban por mí, sabrían que donde la hermana de la iglesia una cita estaba por cumplir. Estando en la casa de ella, un presentimiento empecé a sentir, yo le decía algo malo me va a ocurrir. Ella se sonreía y decía no seas así… deja el negativismo, tu padre es un buen hombre así que tú tranquila, eso es solo un sentir. De pronto alguien golpea fuertemente la puerta, ella se acerca, y que sorpresa que mi hermano estaba afuera, asustado casi sollozando me dijo hermana, prepárate, mi padre este endemoniado, anda como loco preguntando por ti. Le digo, pero si ustedes sabían dónde yo estaría, ¿porque mi padre tendría que actuar así? Le dije y ahora que hago, preciso me puse el traje más delgado, así que la golpiza sí que la iba a sentir. Una vez llegamos a casa, a su cuarto tuve que ir, le di un beso en la cara, le dije padre yo estaba con la hermana, y me dijo estas no son horas para que usted salga por ahí. ¿Lleno de furia me pregunta "ya leyó los capítulos de la Biblia que le pedí"? Le dije: "si lo hago, es porque me nace no porque usted me los tenga que exigir" … eso fue lo peor que esa noche a mi padre le pude decir, empezó como loco a buscar cinturones, o algo con que poderme agredir. Mis hermanos y yo los habíamos botado, porque sabíamos que en cualquier momento los utilizaría para golpearnos y a su ira ponerle fin. Mientras tanto me agarro a cachetadas, me halo el cabello, me tiró al suelo y empezó a darme patadas, yo solo lloraba le decía por favor para, pero él no escuchaba, les dijo a mis hermanos, "si ustedes no me dan un cinturón, cuando encuentre uno con ese mismo les doy, y se acordaran toda su vida quien soy yo". Mis hermanos estaban en el otro cuarto llenos de terror, escuchando las blasfemias de mi padre y mis gritos de dolor, así que uno de mis hermanos su cinturón se quitó y a mi padre se lo dio. Recuerdo que yo me puse de pie y él la hebilla, agarro y con ese metal mi cuerpo golpeo. Yo solo gritaba por qué sentía el calentón, ya después de un rato no tenía dolor pues la pierna se me durmió. Después que él se desahogara conmigo, al baño me fui yo. No existía techo para mí, solo miraba al cielo a través de la pared y le reclamaba a Dios. "¿Para qué me trajiste aquí, eso es lo que merezco yo? Sabes que he estado entre odio y llena de maldición. Llévame contigo, no quiero vivir, ¡no quiero más dolor"! ¿Estuve encerrada alrededor de media hora y luego mi padre gritaba, vaya a la reunión que tenemos programada, ya que en la casa se celebraba un día de oración, así que esta hermana me vio la cara hinchada y dijo por Dios que te pasó? ¡No puedo creer que tu padre te pegó! Le dije, señora usted no conoce a mi padre y cuándo golpea, lo hace como un salvaje. En ese momento su hija que estaba del otro extremo de la sala, mi ropa observó, le dijo madre mire a la niña, algo le pasó. Sangre corría por mi pierna, porque mi padre con la hebilla del cinturón me golpeó sin compasión.

Desde ese día, tomé la decisión, ¡dije de esta casa me largo yo!, no puedo estar viviendo con un ser de odio y sin amor, así sea que viva en la calle, cualquier cosa era mucho mejor. Redacte una carta y debajo de mi almohada quedó guardada, empaque una ropa en una caja y mi mochila de libros porque se supone que tenía en el colegio una presentación. Mis hermanos madrugaron, para darme el último adiós, yo estaba llena de rabia, ya había tomado una decisión, lo único que me apenaba dejar a mis hermanos, pero sobre todo al menor, el más pequeño de todos me decía, hermana no me deje, lléveme con usted por favor. Yo le respondía no me pidas eso yo no puedo hacerlo hoy, no tengo casa ni techo, no se para dónde voy yo. Solo sé que me tengo que ir o un día a un funeral tendrás que asistir, porque mi padre nunca quiso de mí y si sigue así pronto iré a morir. Mi hermano Manuel, el mayor al ejército se regaló, pues él tomó la decisión que cualquier cosa era mejor que vivir en esa prisión. Mi otro hermano Cristopher, también encontró esa opción unirse a las fuerzas militares y así fue como se marchó. El menor Byron, mi hermanito pequeño, no con esa suerte corrió, pues él no sufrió castigos, pero con traumatismos quedó. Él era el consentido por ser el menor, pero muchas injusticias el observó. El maltrato de nuestros padres él jamás lo olvidó. Él sufría viéndonos llorar y no poder hacer nada, incrementaba su odio y rencor, básicamente creció solo. Así que cuando de la casa una vez me fui, mi corazón se quería partir. No quería dejar a mi hermanito, pero tenía que decidir, o algún día de tanto golpe yo dejaría de existir.

CAPÍTULO 3

ESPINAS

Así que mi madre empezó a llorar y se le escuchaba su voz alzar y yo le decía por favor pare ya, porque usted a mi padre lo va a despertar, donde el vea que me estoy escapando de la casa, ahí sí que seguro me va a matar. Así que a mis hermanos les di un beso, abrazo y empecé a caminar, pero eso sí, sin mirar para atrás. Recuerdo que una vecina se dio cuenta que yo salía y ella me dijo "no la culpo por su partida, nadie en este vecindario aprueba la reacción de su papá, así que con cuidado mi niña váyase tranquila que yo haré de cuenta como que no la he visto pasar". Le sonreí y muy cuidadosamente salí, tomé un bus y a la casa de unas compañeras del colegio me fui a quedar. Ese día paro nacional se declaraba en todo el país, protestas que no faltan, pero fue suerte para mí, porque así de mi casa podía huir. Llegue donde mis amigas, con la cara hinchada, y en la pierna una gran herida, ya que mi papa con la hebilla del cinturón la piel me abrió. Mis amigas estaban espantadas, gracias a Dios por su abuelita, pues ella con sus pañitos y cuidados, mi dolor disminuyó. Ese mismo día, en la tarde llame a mi casa, pues quería saber que estaba pasando y uno de mis hermanos desesperado me habla, dice "gracias a Dios hermana usted llama, por favor regrese a casa, mi papá está furioso ha perdido el control. Él sabe que temprano en la mañana usted se ha despedido para irse a estudiar". Le dije "por haya no me aparezco, y si lo hiciera, mi padre a mi existencia hoy pondría final. Solo llamo para decirte que saques una carta que tengo debajo de la almohada y entrégasela antes que termine de enloquecer". Después de unas horas decidí llamar y mi hermano asustado contesta y decía que mi padre la carta rompió y con fuerza la arrojo al piso y gritaba, "ahora si su hermana me va a conocer, la golpiza de ayer no fue nada, hoy de ella me encargare". Le dije a mi hermano "estará loco si cree que voy a regresar, menos ahora con la actitud que tiene, no me quiero imaginar qué me podría pasar". Al día siguiente decidí a mi madre llamar para decirle a dónde me iba quedar y me mantuviera informada de las cosas que pasaban en casa, yo temía por mis hermanos, sé que cada uno se iría en su momento y en corto tiempo, pero el más pequeño tendría que pasar más tiempo con ellos y sentía gran dolor, pues éramos muy apegados. Al pasar un par de días mi madre me dijo "a tu padre has hecho reaccionar y como ya se acerca tu cumpleaños El, dice que vengas a la casa que un pollo asado irá a comprar." Le dije: madre en el lugar donde me estoy quedando, todos los días pollo siempre han de cocinar, no me venga a comprar con eso, que yo de la casa salí corriendo y no pienso regresar.

Que incierto futuro yo veía, solo oscuridad y sin salida, una niña que desconocía las cosas que tendría que enfrentar. Insegura de sí misma, tímida, con poco amor propio, pues el ego me había destruido poco a poco, no le veía sentido a la vida. Desde pequeña recibí desprecio, parecía un animalito salvaje, donde creía que por mi vida tenía que pelear. Pensaba que todo el mundo de mi se burlaba, que yo no valía nada y partiendo de esa base, ¿qué estabilidad podría ganar? Pero la vida me tenía muchas pruebas, más lagrimas se sumarían a mi existencia y amargura se alojaría en mi corazón y esto traería más pena y dolor.

Después de ese episodio, en casa de estas amigas varios días me iría a quedar, después de ahí, mis compañeras del colegio se enteraron y tomando turnos una a una, me dieron alojamiento y así por varios meses hasta terminar el año escolar, ese era el día de mi graduación. No hubo fotos para mí, ni una flor. Me daba alegría ver a mis compañeras, recibir ramos de flores, anillo de grado, todas sus familias gritando de alegría. Yo recibí porras, por parte de mis compañeras del colegio, pues yo me había hecho muy popular. Todos los maestros se levantaron de sus puestos y felicitaciones recibí, aplausos y fotos que algunas de mis compañeras se encargaron de conservar. Mi mamá compró un vino y una torta, me dijo que fuera a su casa y yo le dije que sí veía a mi papá nunca más le volvería a hablar. Me aseguro de que no estaría en ese lugar, así que fui a compartir con ella y con mis hermanos y de ahí a casa de algunas de mis compañeras, donde sus padres le tenían preparada fiesta, comida, regalos, una gran celebración.

Aquí empezaría mi nuevo camino, llegó el día, donde no sabía en qué lugar la noche iba a pasar. Ya había agotado mis recursos con mis amigas, muchas de ellas se irían de vacaciones y yo no tendría techo ni comida, así que el día que temía había llegado, no tenía más opción. Me iría a un parque al centro de la ciudad, se llama el parque de los novios y era conocido pues a ese lugar iban los niños que se escapaban de su hogar. Huelen pegante, roban y las niñas las prostituyen. me quedaría en las calles, prefería arriesgar mi vida, pero cualquier cosa era mejor, que volver a la casa con ese señor (mi papá). Estaba llena de odio y dolor, me dije a mi misma "desde hoy padre no tengo yo; me olvidaré de dónde vine y no me importa para dónde voy". Ese último día, de mi madre me estaba despidiendo, pues no quería que se enterara lo que yo había planeado. En ese instante me dijo "hija su tía me ha llamado, pues ella está en trámites de divorcio y necesita un favor, ella no tiene con quien dejar a sus hijos por esta situación, ¿será que usted puede quedarse en su apartamento y así se ayudan las dos?". Ella por el divorcio y usted porque no tiene habitación, y bueno compañía se hacen las dos. Así que ese día en secreto, di gracias a Dios, porque en el último momento Él, se manifestó, ese día no tenía lugar dónde dormir, y ni hablar de mi porvenir.

Me fui a vivir con mi tía, y cuidaba de mis primos, ella se portó muy bien conmigo, nos fuimos a Cúcuta donde mi otra tía pues se celebraba la primera comunión de mi prima y allí pasamos varios días. Fue un tiempo relajante para mí, poder aislarme de todo ese episodio, el trauma, los golpes y malas palabras. Durante ese proceso a mi padre intenté demandar, pero me dijo el juez, "a tu casa tendrás que volver, si tu padre te vuelve a lastimar, cárcel tendrá que pagar'. Le dije yo a casa no quiero regresar, prefiero dejar las cosas a si nada más, olvidarme del tema y echarle tierra, pues si él me ve esta vez, una desgracia ocurrirá. Así que una vez regresamos a la capital encontré un trabajo de medio tiempo, como secretaria en una empresa exportadora de flores, parecía una fachada, es decir estaba legalmente registrada pero solo enviaban flores a algunos hoteles fuera de la ciudad y nada más. Así que no entraban ganancias, y el pago de mi salario se tardaba. Lo que si me parecía extraño era que una vez por semana llegaban varios hombres escoltando a otro y buscaban al que era mi jefe. Creo que negocios turbios se manejaban debajo de esa fachada, total duré solo 3 meses. De ahí conseguí otro trabajo medio tiempo en una imprenta como atención al cliente y varios oficios aprendí a desarrollar. En ese lugar trabajaba mi papá, él se encargaba de la contabilidad. No nos hablábamos, éramos como dos extraños al igual que su trabajo no tenía que ver con el mío, cada uno permanecía en su lugar. Un día fui a trabajar como de costumbre y la dueña del lugar me ha llamado a su oficina, me empezó a regañar y a decirme que yo era una mala hija por haberme escapado de la casa, me dijo que fuera a discúlpame con mi papá, que le pidiera perdón y volviera a la casa. Yo me solté a reír y le dije que no pensaba hacer eso y que ella no tenía por qué meterse en asuntos ajenos. Al cabo de unos días, mi relación de trabajo se hizo difícil, pues ya no me trataba ella con respeto y me cambiaba el turno de trabajo a su antojo. Así que decidí enfrentar a mi padre y le dije "deje de estarme poniendo por el suelo, no se las venga a dar de víctima, cuando por usted es que me volé de la casa, por sus maltratos, sus insultos, igual nunca me ha demostrado cariño, ¿suficiente daño me ha hecho y no suficiente con eso se la pasa hablando mal de mí? El me empezó a alzar la voz y me dijo que el no había hecho nada malo, su deber era corregirme y no estaba arrepentido de lo que había hecho. Así que decidí aplicar en otros lugares, pues estaba claro que no podíamos trabajar en el mismo espacio. De tal manera que trabajé por unos días más y me retiré, de ese lugar. Empecé a trabajar en una fábrica de aceites donde tenía que desplazarme a varios almacenes y los estantes con su mercancía había que llenar. De mi padre me enteré de que se había retirado un mes después porque le pusieron un jefe y este era más joven así que él no escuchaba correcciones o recomendaciones, pues decía que no iba a aceptar que una persona más joven le fuera a enseñar mucho menos a mandar. El termino discutiendo con la dueña del lugar y ella le dijo que se fuera porque ella no iba a tolerar la falta de respeto. Y por boca de un compañero me enteré de que la dueña le dijo a mi papá, hasta razón tendría su hija de irse de su casa, ¿pues con esa prepotencia quien se lo va a aguantar.

Por mi parte, seguí viviendo con mi tía y en mi tiempo libre, solía ir a caminar por las calles de la plaza principal, estaba el señor que vendía el café y una señora que vendía empanadas, recuerdo que en una esquina siempre unos jipis se encontraban, vendían pulseras, cadenas y me hice amiga de ellos y les ayudaba a vender en la calle sentada en la acera. Solía ir al cine sola, caminar por el centro, ir al mercado de las pulgas y hacer conversación para matar el tiempo. No tenía amigos, en nadie confiaba, me iba a conocer lugares, plazas, centros comerciales, inclusive me iba a caminar por el cementerio a mirar los epitafios, las flores que colocaban en las tumbas, el cementerio de niños era bien decorado con imágenes de payasos, ángeles o de la caricatura que mas le gustaba a ese ser querido. Sentía paz en ese lugar, alejada del ruido sin nadie que me criticara. Solía también ir al aeropuerto por largas horas, me sentaba en la sala de espera, soñando con viajar algún día y recorrer el mundo entero.

Pasado poco tiempo me vine a enterar que mi padre por confiar en un amigo este una mala jugada le hizo pasar. Mi padre, le había pedido prestado a este sujeto cierta cantidad de dinero, firmaron una letra de cambio y así quedo legalizado el préstamo. Pero después de un tiempo mi papá el dinero se lo vino a regresar, pero este personaje como era su amigo mi padre no le pidió el documento inicial. Después de varios meses a mi papá lo vinieron a apresar, y a la cárcel fue a Parar. Mi madre lloraba desconsolada pues él, siempre ha sido su amor de verdad. Así que ella me localizo y me dijo, su padre está en la cárcel y tiene que irlo a visitar, no se sabe si un día muerto amanecerá. Pero yo tenía tanto odio en mi corazón que le dije no quiero de El saber nada, y sí se muere es porque la vida le está dando de la misma medicina, eso es karma o venganza. Recién había cumplido los 18 años, mi identificación tenía que sacar y quería que fuera en mi ciudad natal, pero mi mamá ante tanta insistencia, el trámite en la capital se tuvo que realizar. Después de esto ya podía ir a la cárcel a visitar a mi papá. Llego el gran día, un domingo de visita, que incomodo, que mal recuerdo, las guardias de seguridad terminan por tocar tus partes íntimas por si algún objeto no permitido intentabas ingresar. Sellos en los brazos, inclusive la comida la revisaban pues había normas que se tenían que acatar. Una vez adentro mi padre me vio, me abrazó fuerte y empezó a llorar, yo parecía una roca porque nada me conmovía y yo tampoco en ese lugar quería estar. Mi madre me hacía gestos para que lo abrazara, pero yo con mis brazos pegados al tronco ni una milésima me movía, no sentía nada, ni tristeza ni alegría. Esa temporada fue difícil para él, le tocó decir que había matado a alguien porque de lo contrario el muerto iba a hacer el. Esa era la manera de ganar respeto con otros reclusos. Había unos por delitos menores, otros asesinos, pero, por alguna razón a mi padre, lo colocaron en el patio de máxima seguridad y pues poco a poco se fue ganando la confianza de algunos y entre ellos se cuidaban la espalda. Mi abuelita y tíos solían también irlo a visitar, le llevaban mercado, el tenía una estufa pequeña donde solía cocinar y bueno un espacio súper pequeño donde dormía, pero trataba de hacerlo cómodo y lo decoraba, recuerdo cuando nos solíamos despedir, el se quedaba llorando y bueno ni hablar de los días que íbamos todos a visitarlo y por algún motivo había un motín, sonaban las alarmas, y cancelaban de inmediato las visitas. Mi papá aprendió oficios de carpintería, estudio leyes y el redactaba sus documentos para su propia defensa. Mi padre un hombre muy inteligente, se grababa todo de una manera sorprendente, muy hábil con las palabras, se destacaba hablando en público, campañas políticas, un líder por naturaleza. Pasado un año quedo en libertad, después de un tiempo a su examigo logró contactar, este en un cuarto de hospital se encontraba bastante delicado, estaba agonizando, El, le pidió perdón a mi papá por lo que había hecho, el sabía que había actuado por ambición, pero hecho el daño nada se podía remediar. ¿Cómo recuperar el tiempo que se ha dejado pasar? ¿Cómo recuperar el dolor, las lágrimas y esa cicatriz que había marcado su humanidad? Ni hablar de la familia en general, todos unidos en ese momento pues es algo que no se le desea a nadie y bueno el necesitaba el apoyo de todos para poder esta prueba librar. Yo asistía cada vez que podía pues en esas condiciones hay que dejar de lado el odio, el rencor y tener un poco de compasión.

Una vez mi padre quedó en libertad, a casa pudo regresar, hizo que nos reuniéramos en familia un 24 de diciembre, yo no vivía con ellos, pero ese día les fui a visitar y a todos nos hizo arrodillar, agarrados de las manos teníamos que cada uno declarar, que le estábamos perdonando de corazón y que estábamos felices de que el a casa volvió a regresar. Lo más extraño era que esas eran sus palabras, ninguno de nosotros planeo nada. Así que hizo que cerráramos nuestros ojos y obviamente ninguno de nosotros sabía qué era lo que iba a pasar. Pero poco a poco y con cuidado cada uno disimuladamente, alzamos nuestra mirada, pues curiosidad teníamos a parte que no sabíamos qué esperar. Mi madre abrió sus ojos e hizo un gesto para que los volviéramos a cerrar. Ella lo defendió, a capa y espada., así que empezaremos por turnos a hablar. Pero eran palabras vacías, porque no sentíamos decir nada en ese momento. Mi mama, Ella todo le seguía a mi padre, esta es la hora que me pregunto si fue eso amor, obsesión, o que clase de relación que ella todo le aceptó y siempre fiel a él, nunca lo dejó. En ese entonces él era un hombre extremadamente machista, y muy importante para él, que le viéramos como autoridad. Él era el hombre de la casa y quería otra vez posicionarse como cabeza de hogar. Siempre fue violento, su reacción nos causaba temor, el creía que así se ganaba el respeto, en ese momento nunca se lo ganó, era mucho mayor el miedo.

Más tarde me fui a vivir a otro lugar; en un cuarto de un apartamento que una señora me logro arrendar, no tenía derecho a cocina, tampoco ganaba mucho, así que compraba una cajetilla de cigarrillos todos los días, según yo, de esa manera lograba el hambre mitigar, desde entonces independiente vivía, así pase un par de meses y gracias a una tía por parte de mi papá, ella tenía una gran position, trabajaba para el Estado y me recomendó para entrar a laborar. Puesto de secretaria, al principio no era mucho lo que me pagaban, pues no tenía experiencia, ni antigüedad laboral, recién graduada de la escuela estaba, así que apenas empezaba, pero era una excelente oportunidad y no la podía dejar escapar. Los compañeros de trabajo siempre me apoyaron, yo era la más joven de ellos, me enseñaron mis funciones básicas como secretaria y con el tiempo terminé siendo la encargada de seleccionar las aplicaciones del nuevo personal. Siempre eficiente en el trabajo, no di de qué hablar, trabajaba muchas horas y varias promociones logré alcanzar. Pero en mi vida personal y emocional, vacía me encontraba, no veía futuro no veía nada. Pues después de tanto trauma, vivía, amargada, triste, nada me alegraba, tenía pretendientes, pero no me llamaban la atención, parecía como un fantasma, sentía que de mi se burlaban, igual a nadie le importaba, en pocas palabras, vivía porque me tocaba.

Pasado un tiempo, en ese lugar de trabajo, conocí una persona, Él era apuesto, buen mozo, conmigo coqueteaba, estaba pendiente y detalles me enviaba, sus acciones terminaron llamando mi atención. Después de tanta insistencia un día de semana me hizo una invitación, sería la primera vez que podríamos dialogar, pero el destino tenía otro plan. Yo tenía miedo, pues era la primera vez que me sentía "querida" y bueno después de tanto trauma estaba prevenida.

Así es que finalmente acepte su invitación, pero para mí suerte ese día tenía una visita al dentista que terminó en una mini cirugía, para extraerme dos muelas (las que llamamos del juicio o cordal). Me colocaron unos puntos, así que tenía dolor y con dificultad podía hablar, total esa cita nunca se realizó. Cómo quiera Él decidió ir con su hermano a un bar, esa noche hubo una pelea y el por defender a un amigo, un tiro recibió y a las pocas horas este hombre murió. Al día siguiente en mi trabajo todo era un caos, mis compañeras querían conmigo tener comunicación, pero yo estaba en casa incapacitada por la extracción. Pasado un par de días, de nuevo al trabajo regresé, mis compañeros me contaron sobre el suceso y yo quedé en shock, ¿solo pensaba y si hubiera ido a la cita yo? Tal vez él no estuviera muerto, o posiblemente seriamos los dos. La tristeza me embargó, recuerdo que yo lloraba y le decía a Dios, "apenas encuentro que a alguien le intereso, tú te lo llevas lejos; ¿que tienes contra mi señor? ¿Porque soy enemiga del amor"? Ahí me di cuenta de que las declaraciones que mi padre había manifestado sobre mi humanidad era la realidad y yo no merecía ser feliz. No existía la suerte, y sentí que Dios me abandonó. Una vez más me encontraba sola. En el intento, el amor de mi huyó, que en mi inocencia o ignorancia creía que esa sensación que sentía era amor. La depresión me consumió, y empecé a recordar mi pasado, los abusos, los maltratos los intentos fallidos de suicidio y dije esta vez lo haré mejor, al mundo le haré un favor, dejaré de existir desde hoy, pero esta vez me aseguraré de que no haya equivocación. Fui a la farmacia y compré una navaja, llegue al lugar donde vivía, y ahí mi plan ejecutaría.

Hice una carta pidiendo a mi familia perdón, decía lo triste que mi vida había sido y ya no quería más dolor, a cada uno de mis hermanos le escribí un párrafo, diciéndoles que los amaba, pero ya todo acabó. En ese momento no pensaba en nada, ya había tomado mi decisión.

CAPÍTULO 4

MI DESPEDIDA

Para aquellos que en algún momento de la vida han tenido pensamientos suicidas, entenderán lo que estoy diciendo. Es como si cayeras en un hoyo profundo y oscuro, donde pareces perder los sentidos, no hay consejo, no hay consuelo, solo quieres dormir y no despertar jamás.

Esperé que la noche llegara, eran las 10:00 pm pues a esa era hora ejecutaría el plan. Sobre mi cama me recosté, tomé en mi mano derecha la navaja y heridas profundas de lado a lado en las muñecas me causé, tres en la mano derecha y dos en la izquierda. Veía cómo la piel se abría, extendí mis brazos de lado a lado, cerré mis ojos y de repente un frío en mi cuerpo empezó a recorrer. Inmediatamente me empecé a sentir débil y perdí el conocimiento. Que sorpresa me he llevado cuando después de 5 horas desperté. ¿Que? ¿Aún sigo aquí? ¿estaba muy enojada conmigo misma, y me dije "cómo es posible que hasta eso no lo haga bien? todo estaba preparado, fríamente calculado y nuevamente falle. Estaba llena de sangre, mis manos, mis muñecas las sábanas y hasta el colchón atravesé. Me puse en pié un poco mareada, mis heridas completamente abiertas no sentían dolor alguno, ya no sangraba más. Es como si no fluyera más sangre, o tuviera algo que la bloqueara y evitara que me desangrara más. En ese momento, sentí que el fin a mi sufrimiento no era la muerte pues parece que esta huía de mí. Mi sufrimiento sería vivir, tal vez estaba destinada a pagar por los pecados de mi familia o definitivamente eso era lo que el universo para mi tenía. ¿Qué me quedaba? remediar lo que me había hecho pues esas heridas se veían terribles. Con mi vida tenía que seguir. Así que me fui al cuarto de mi amiga y la desperté, no quería que viera aun mis heridas, pues no sabía cómo ella reaccionaría. Así que con la luz apagada me acerqué y le dije "perdóname, amiga, pero hay algo que tienes que saber, intenté acabar con mi vía, pero fracasé", ¿ella prendió la luz enseguida y empezó a gritar me decía "como se te ocurre hacer semejante barbaridad? no te imaginas el lío que me habrías de causar? Y qué decir de los Investigadores, la policía, la familia y tus amigos también, ¿cómo se supone yo fuera a responder? En ese momento mis muñecas nuevamente empezaron a sangrar, me ha llevado a la cocina y me dijo "déjame echarte café", (según su abuelo el café cierra las heridas y las cura también). Ella despertó a su hermano y este tan pronto vio mis heridas y la sangre, así mismo ha colapsado, en su cama quedó desmayado, gran impresión le ha causado. Después de eso me fui a dormir, tan pronto amaneció, al hospital me presenté, el personal de emergencias preguntas me empezaron a hacer, les dije que me habían atracado y de los asaltantes me escapé. Así que las enfermeras lavaron mis heridas y cocieron las 5 aberturas que en mis muñecas me cause. Así que por varios días a mi trabajo falté, pero mis amigas sabían lo que intenté hacer. Al cabo de una semana, mi madre al lugar de trabajo llegó, pues una compañera mía la llamó y le comentó lo que pasó, ¡¡y ella a mi escritorio se acercó regañándome me dijo "usted si nooo!! ¿Se ha vuelto loca, acaso ha perdido la razón? ¿Cómo es que intento matarse, no sea tan boba acaso no pensó en mi dolor? ¿Qué diría la gente? ¿Qué respuesta les daría yo"? ¿le respondí "no sea inconsciente usted solo piensa en el qué dirán y de que habla, de cuál dolor?, ¡usted por mí nunca se preocupó! A parte de todo viene a reclamarme a mi lugar de trabajo, ¿qué persona la llamo?, usted nunca ha estado conmigo, nunca me ha defendido, ni de la violación me creyó. No necesito su pesar a la próxima le haré un gran favor, el día que de verdad cumpla mi cometido, usted será la última en saberlo o porque no… mejor que piense que es una desaparición".

Así pasaban los meses y nuestra relación siempre fue fría. Yo poco les comentaba sobre mi vida, pero nunca dejé de saber de ellos o de visitarlos esporádicamente, pues quería saber de mis hermanos, tenía que hacer el esfuerzo sin importar que tenía heridas más profundas alojadas en mi corazón. Aún estaba llena de odio y de rencor, pero como hija sentía esa obligación… así que un día estaba visitando a mis padres y me subí a la azotea de la casa, prendí un cigarrillo y en eso mi padre me observa. ¿Y enojado se me acerca, me dice "usted cree que se ve bonita fumando de esa manera?" Le dije "pues para que vea, si quería que aprendiera algo, esto es lo que usted me ha dejado de herencia". ¿Seriamente se me quedó observando y dice "de casualidad no tiene otro cigarro? Los míos se me acabaron, yo aquí tengo fuego para encenderlo". En ese momento él se dio cuenta que yo ya no era una niña, yo ya no tenía miedo a su afrenta y mucho menos manipular.

He pasado por situaciones críticas, me he sentido sola, he llorado mucho, he pasado luto, ansiedad, desanimo, he lamentado vivir, pero Dios tenía otros planes para mí. Siento como si fuera un pedazo de carbón, dónde he tenido que estar sometida al fuego, a diferentes temperaturas, todo para poderme pulir, cada forma que he tenido es Dios trabajando mi humanidad, mi carácter y personalidad. Ya existía un plan original y yo no lo podía cambiar.

Después de superar todo ese proceso, pasado año y medio, conocí un muchacho en ese mismo lugar de trabajo, que, con sus halagos, su forma de ser me logró cautivar. Salíamos juntos a almorzar, al igual que otros compañeros, terminamos formando un grupo donde cada uno con su novia solíamos ir a bailar. Una noche íbamos de camino a una fiesta y mi pareja se ha ensuciado sus zapatos con mierda de perro, así que fuimos a su casa para cambiar sus zapatos, ya era tarde, su familia estaba durmiendo, excepto por su padre que se encontraba en la sala leyendo. Un hombre bien estudiado, se quedaba hasta tarde con una lámpara encendida, cada libro que leía le hacía notas y sacaba sus conclusiones al final. Un hombre que inspiraba respeto desde el primer momento era de admirar. Así que su hijo me presento a su padre en esa ocasión y a los pocos días conocería a su madre y el resto de la familia, con quienes gratos momentos iríamos a crear. Una familia trabajadora, honesta, sencilla, muy unidos, se apoyaban entre ellos, un buen ejemplo de hogar. Pasaba más tiempo en casa de los suegros que en los de mis papás, ellos organizaban fiestas o almuerzos y me solían invitar. En mi parte laborar todo parecía funcionar.

Para esa época estaba de moda los tatuajes de caricaturas así que con mi pareja y sus amigos decidimos realizar una apuesta, que yo sería capaz de hacerme uno sin tomar ni agua, ya que cuándo El, se hizo el suyo se tuvo que tomar toda una botella de licor, de esa manera no sentir las punzadas que la aguja le causaría y así evitar el dolor (no había la tecnología que tenemos hoy en día, una máquina improvisada con un par de pilas y una aguja, y cauchos para que las piezas se mantuvieran juntas).

Después de un tiempo me hice otro tatuaje y a mi hermano menor convencí, le pagaba por acompañarme y de paso pagaba por el suyo y así fue como le cogió gusto y con el tiempo se haría más y de igual manera me daba valor a mí. Al paso de los años me coloqué un piercing en el ombligo, que después me tuve que quitar, pues se me infectó y con todo me lograba lastimar, otro tatuaje más me había hecho, pero no era por rebelde, solo era una moda que quería lograr. Mas adelante, un piercing en la nariz me vine colocar y sin ningún contratiempo hasta el día de hoy he podido conservar.

Por eso mi padre decía que yo era la rebelión, yo era mala influencia, siempre lo declaró, mi hermano menor empezó a fumar (yo lo hacía de manera social, un mal hábito que fácilmente pude dejar).

CAPÍTULO 5

LUNA LLENA

Continuando con mi historia, Tres meses de noviazgo duró la relación y embarazada quede yo. Pues no sabía de métodos anticonceptivos así que para mí fue sorpresa y al mismo tiempo una emoción, pues le pedía al universo que me diera un motivo, una razón, quería darle sentido a mi vida y esta criatura seria mi motor. Sus padres se enteraron y bueno mi compañero tenía temor, pues pensaba que lo echarían de la casa con semejante notición. Yo tenía 21 y él 18 años de edad. Así que El a un restaurante a sus padres invitó, me enteré de que su madre estaba comiendo pescado cuando le dieron la notición. Les tomo unos minutos asimilar la noticia y lo aceptaron con emoción, ellos ya tenían una nieta, ahora querían que este naciera barón. Después de un par de días, de su casa recibí una invitación, me dieron todo su apoyo y hasta el día de hoy les agradezco por todo ese amor.

Este niño traería luz y esperanza a mis días, con su vida iluminaría la mía, era mi empuje, mi fuerza y mi alegría, él era mi razón, un nuevo rumbo a mi vida le dio. Se fue la tristeza, solo tenía una meta y era darle todo el amor que la vida me negó. Dejé de fumar por completo y a cuidarme en la alimentación. Ahora tendría que ir de visita a casa de mis padres y darles la gran sorpresa, aunque yo vivía aparte, temía la reacción de mi padre y su manera de reaccionar. Ese día se celebraba el día de las madres y nos reuniríamos a almorzar. Así que primero me reuní con mis hermanos y planeamos que dos de ellos se sentarían a mi lado, de esa manera si mi padre quería golpearme me daría tiempo para salir a correr. Mi hermano mayor tenía ya un bebé, apenas tenía unos meses de nacido así que una vez terminamos de almorzar, mi padre lo empezó a abrazar y yo fijamente observaba su reaccionar. Para todos era una sorpresa, porque mi padre siempre fue un hombre frio y por nosotros no presento ningún interés, mucho menos que nos abrazara y nos hablara como a bebes. Y bueno dicen que los padres cuando son secos con sus propios hijos, cuando son abuelos se vuelven super consentidores y así era con mi sobrino. Mi padre se dio cuenta que fijamente lo miraba y me dice, "tranquila que algún día usted hijos va a tener, solo espero que sean hombres, así es que tiene que ser." Él no tenía idea de la sorpresa que le venía a traer, en mi vientre una criatura estaba creciendo y en unos meses en mis brazos lo cargaría también. En ese instante mi hermano de repente le dice a mi padre "es demasiado tarde, mi hermana está embarazada." Yo inmediatamente a mi hermano le golpee con mi pie debajo de la mesa, pues yo era la que debía decirles. Así que mi padre serio me observó de repente sonrió hubo un silencio general por unos segundos y dijo bueno... la felicito porque se ha desarrollado como madre y ese es el derecho natural de toda mujer. Pero en cambio mi madre, se encontraba en la cocina tomando café, boto la taza y empezó a gritar. "Oh nooo, qué tragedia, ¿cómo así? y se lamentaba como si alguien hubiera muerto. No tenía sentido su reacción, les dije "no se preocupen para eso sola vivo yo, es mi responsabilidad así que a cargo quedaré yo, estoy feliz, y eso es lo importante para mí". Mi padre desde el primer día me advirtió hay algo en él que no me gusta, pero igual no es mi problema, al final de cuentas esa fue su elección". En eso mi padre si tenía razón, yo no vi en mi pareja lo que escondía en su interior, ¿Pero ¿quién le iba a escuchar? Yo sentía que alguien me amaría de verdad.

Al cabo de ocho días, decidí hacerles a mis padres otra visita, y para sorpresa mía, mi padre tuvo otra reacción, me insultó, me humilló, y dijo que no valía la pena, que no tenía estudios ni profesión, ser madre soltera era un gran problema, nada bueno de mi se espera, pues mujer había nacido y ya ese era un gran error. Ahora la barriga llena de huesos estaba, así que me enojé y le dije, "yo les vine a visitar y regañada salí yo, así que mejor me voy, soy dueña de mis actos y nos les estoy pidiendo un peso para mi sustento diario, ni mucho menos perdón". Después de ese suceso, pasaron varias semanas hasta que mi mamá me llamo, para hacerme una invitación. Así que acepte y una vez allí, mi padre miraba mi barriga y decía, "tiene que ser varón, no puede salir mujer" … Su actitud me dolía, y está situación empeoraba nuestra relación. Al final de cuentas no estaba tan equivocado pues mi relación con el padre de mis hijos parecía película de terror, una relación tormentosa, llena de sufrimiento y dolor, no obstante, me escape de casa de mis padres por los maltratos y ahora tenerlos que recibir de un extraño y hasta peor. Durante el embarazo varias veces me agredió y cuando tenía 4 meses de embarazo en la calle como de costumbre me gritó y me decía que tenía que abortar, dizque él estaba muy joven y no quería esa responsabilidad enfrentar. Los vecinos vieron esa escena en la calle y han logrado a la policía llamar. Estos me interrogan pensando que era un atracador y que estaba amenazando por no decir la verdad. Les dije es el padre de mi hijo y estamos teniendo una discusión, pero ya todo se ha de aclarar. Yo tenía vergüenza pues estaba cerca de mi trabajo y abochornada estaba ya.

Encontré una habitación en renta, cerca de la casa de sus padres y a veces Él, conmigo la noche se quedaba, pero era una relación bastante inestable. Mi embarazo 7 meses de gestación, nació Cristian Camilo, mi hijo mayor. Presenté preeclampsia, así que me hicieron cesárea de emergencia. Un bebé prematuro, el poco cabello que tenía era rubio, no tenía cejas, sus ojos de color azul, hermoso, estuvo en incubadora por un par de semanas. El día de su nacimiento, el abuelo paterno, muy feliz, al hospital lo fue a conocer. Le contaba los dedos de sus manitas y también la de los pies, lo revisaba por todos lados, quería asegurarse que estaba bien. Era un orgullo para él, pues había nacido barón y era una generación más que se iba a extender. Ese mismo día, tanto él como su esposa, me hicieron una proposición, que me fuera a su casa a vivir temporalmente y así ellos pendientes de mí y del bebe poder estar, no vi ningún problema así que yo acepté. Por cuatro meses permanecimos en su hogar hasta que logré un apartamento rentar. Lo bueno que este era bastante cerca, era al otro lado de su casa solo una calle nos iría a dividir. Recuerdo que mi exsuegro se emborrachó el día que nos movimos de ahí pues él no quería desprenderse de su nieto, El abuelito siempre fue especial con todos sus nietos, pero como Cristian era el primer varón él le prestaba especial atención, tanto así que decidió agilizar los trámites de su pensión, quería dedicarle más tiempo a su nieto y así compartir cada momento. Esta nueva etapa de madre me gustaba, y al chiquillo lo que veía yo todo le compraba, un nuevo sentido daba a mi vida, lastimosamente no puedo decir lo mismo del padre de la criatura. Permanecía bebiendo sin importar si era día de semana, o fin de ella, podría decir que se estaba volviendo alcohólico, un hombre celoso, posesivo, machista y abusador, me golpeaba donde fuera, y no le importaba donde me agrediera, en las calles, las escaleras, el trabajo, para él era yo un objeto creo que nunca por mi sintió amor. Una vez por estar con sus amigos entretenido hablando, estaba con Cristian Camilo en el coche apenas unos meses tenia de nacido y él lo estaba paseando. Pero como andaba pendiente de otras cosas, se había estrellado con una roca y el bebe ha salido volando y cayó en el pasto, pero gracias a Dios él bebe ni un rasguño recibió, por fortuna estaba envuelto en varias cobijas eso fue lo que lo salvó. De este suceso me vine a enterar un año después, sus amigos y él sabían que esa situación me haría enloquecer y quejas a su padre le llevaría también. Muchas veces tenía que ir a sacarlo de las cantinas, sus amigos lo escondían y él les decía, "si mi novia me viene a buscar, a mí no me han visto pasar", pero eso si agarraba mi sueldo y se lo gastaba sin contemplación, supuestamente porque él era el administrador, pues El trabajo no tenia, y si conseguía estos poco le duraban lo terminaban echando por irresponsable, no madrugaba y siempre llegaba tarde. Así que me exigía que le diera mi cheque y yo por temor a su reacción terminaba dándoselo y terminaba malgastándolo. Algo que me repetía a menudo era hágase un favor, no se queje que, aunque sea estoy yo, no importa si es para maltratarla, de alguna manera le demuestro mi amor.

A usted quien la va a querer, una mujer fea y sin gracia, al menos estoy yo. No tiene hermanos que la defienda, mucho menos padres que la protejan, así que mal que bien esa es su suerte, ¡eso es lo que le tocó! Cada ocho días en su casa siempre la familia se reunía para almorzar, era una costumbre que se tenía para así estar pendientes uno de los otros y permanecer en unidad. Las navidades y demás celebraciones yo solía con ellos pasar, pues sentía que era mi familia, la que siempre anhelaba y el destino me acababa de regalar, pero todo se opacaba cuando mi pareja empezaba a tomar, se desaparecía con sus amigos, ellos le tapaban las jugadas pues frecuentaba una vecina cercana sus servicios cobraba y el feliz con ella se iba a festejar. Todos sus amigos sabían, pero ellos decían que yo era la oficial, de esto me enteré muchos años después, otra decepción más que me llevé.

Recuerdo que una vez, en mi trabajo realizarían una fiesta de fin de año, pues llegaba navidad, y la empresa invitaba cantantes y era toda una gran celebración. Al papá de mi niño, no le gustaba que yo tuviera ningún tipo de relación, no amigos, ni amigas, para él eso era lo peor. Localicé a mi madre le comenté de la fiesta y decidí asistir, así que llevé a mi hijo donde ella y le dije, cuídeme al bebe, quiero ir a la fiesta del trabajo harán rifas, quien quita algo me pueda ganar. Así que me alisté, me contacté con mis compañeras y fuimos al lugar de la reunión. ¿Estaba bailando con unas compañeras y una me dice "oye y como entró tu pareja? ¿acaso él pertenece a la organización? Yo me asusté, y sentí que el mundo se me caía, decía tierra trágame, si mi papá no me mató, este sí lo hará pues no tiene compasión. Así que mis compañeras sabían cómo era con él mi relación. Entre varias amigas me sacaron a escondidillas por la salida de empleados y me lograron meter en el baúl de un carro y así pude huir (hasta allí me llegó la celebración). Una vez llegué a casa de mi madre, completamente asustada, me cambié de ropa y me fui con mi hijo a la casa, pues yo sabía que él allí me esperaba. Apareció a medianoche, borracho y como un loco a patadas me agarró. Me decía malas palabras y decía que no valía nada y que a mis amigas también se las iba a cobrar. Yo lloraba y le decía "no estaba haciendo nada, solo con mis amigas un rato quería pasar, usted no sale conmigo a ningún lado y celoso me quiere en mi propia casa encerrar". El solía mis llaves del apartamento quitar, me encerraba y se iba a tomar, desconectaba el teléfono y con nadie podía yo hablar, solo me dedicaba a mi hijo cuidar, eso sí, por el niño yo me hacía matar. No permitía que a mi hijo lo fueran a maltratar, después de lo que yo solía pasar, él era mi fuerza, mi valentía y por el al que fuera me enfrentaría.

Las cosas empeoraron, así que decidí mudarme a la casa de mis padres por 3 meses, Cristian Camilo, tenía 2 añitos de edad, a mi padre le molestaba si lloraba, o si ruido hacía, todo le disgustaba, y empezaba a humillarme diciendo que pena, de su vida no ha hecho nada, madre soltera, ya empezó a fracasar. Cuando mi padre estaba durmiendo sea de noche o sea de día, no se podía hace ruido ni por accidente, porque mi mamá se alteraba y respondía de mala gana "no hagan ruido porque despertaran a su papá", con rabia nos decía, pues el solo hecho que el estuviera en la casa ya era ganancia para ella, pues sabía que no estaba con otras mujeres y ese tiempo era para ella con el disfrutar. Así que un día cualquiera uno de mis hermanos llevo a su novia a la casa de mis papas, mi padre conocía su familia y tenían ya confianza así que era bienvenida cada vez que a mi hermano pasaba a saludar. Un día en particular la novia de mi hermano estaba en su cuarto viendo una película y la puerta estaba abierta de par en par. Ya era de noche así que mi hermano a su novia decidió acompañar a la estación del bus. ¿Tan pronto cerraron la puerta, mi padre empezó a enojarse y decía "de cuándo acá las visitas se hacen en el cuarto? Eso debe hacerse en la sala y en presencia de los papás". Yo le dije padre no están haciendo nada malo, la puerta no estaba cerrada y ella es una buena muchacha. Mi padre gradualmente se empezó a sulfurar y me empezó a insultar, me decía "como siempre usted defendiendo a los demás, metiéndose en lo que no le importa, para llevarme la contraria, siempre rebelde, usted no cambiará". me decía que yo no tenía derecho a hablar, constantemente repetía, "a su barriga la dejaron llena de huesos y mire ahora viviendo aquí de arrimada". Yo le dije no me vuelva a insultar que esto es temporal, mi intención no es vivir con ustedes porque vivo mejor sola que mal acompañada. Así que mi padre estaba sentado en la orilla de la cama y levanto su brazo y cerro su mano para darme un puño en la cara. Yo me exalté más y le dije "usted a mí no me vuelve a tocar, si antes me maltrataba eso no volverá a pasar." Él, aun mas enojado me decía, ¿"respete a quien cree que le habla? Por sus venas corre sangre mía, aunque no le guste, así que se tendrá que aguantar" "le respondí con su sangre no hago nada, ¿para qué me sirve? si es por eso, mire como estoy ahora" y el más se alteraba, y decía, "usted será una fracasada toda su vida, mariguanera, no tiene, ni tendrá nada en la vida, le demostrare que yo puedo progresar, voy a estudiar y seré más que usted y así su boca tendrá que cerrar. ¿Le dije "que bien, porque después de tantos años de apariencia y para qué? Si de todos los trabajos lo echan, pues veamos qué tan bueno es, porque ya los años le están pasando la cuenta". Mientras tanto mi madre en la cocina no dejaba de gritar "silencio, silencio, que me va a dar algo, cállense ya" Así que mi padre y yo enojados le dijimos a mi mamá, haga silencio que el asunto no es con usted, yo le repetía, por su silencio es que a usted le han puesto cachos, toda la vida mi padre le ha sido infiel y usted callada se ha quedado, se lo ha permitido, no sé si es por no quedarse sola o simplemente por no saberse defender". Así que nos fuimos a la cocina pues mi mama estaba como loca gritando, mi papá seguía discutiendo conmigo y me decía que él no iba a descansar hasta verme mal, algo que me dijo y nunca se me olvidara, fue las palabras que con fuerza y dureza ese día expresó, "ya la veré en el cementerio y flores le iré a tirar, porque la veré a usted primero muerta y yo la iré a enterrar, ese será el final" yo le respondí "pues no se haga ilusiones, vamos a ver quién entierra a quien, porque eso no lo decide usted" así que ese fue la frase final. 3 minutos después llego mi hermano y cuando le conté lo que había ocurrido, él estaba furioso y dijo "porque él no me lo dijo en la cara, usted por defenderme ha salido humillada". Le dije "no te preocupes, definitivamente me di cuenta de que mi padre de mí no quiere nada, nunca me quiso y siempre ha declaraba cosas malas, el me condenaba". Solo fue cuestión de tiempo, yo ya tenía lugar para mudarme y estar en paz. Recuerdo que en una ocasión estaba Cristian Camilo jugando e hizo un daño y a mi padre hizo corretear, él le levanto la mano como si lo fuera a golpear. En ese momento me le puse de frente y le dije ni se le ocurra tocar a mi hijo, conmigo hizo lo que quiso, pero a los míos usted ni un solo dedo le levantara. Y él con un gesto despectivo, se rio, me observó y me dijo "eso malcríelo que después cuando sea grande dolores de cabeza le va a causar". Le dije "si claro con todos los traumas que nosotros tenemos, los que vengan no serán nada comparados con los que usted nos ha dejado, yo le voy a enseñar cómo se debe a un hijo criar, porque usted todo ha sido con golpes y el daño físico y psicológico siempre en nosotros permanecerá", en ese momento mi padre se quedó renegando y yo me fui de ese lugar.

En cuanto a mi relación sentimental, vivía amargada, pensaba que esa era la vida que me tocaba, ya estaba destinada a vivir entre el odio y el desamor, no era nada sociable, el único que me mantenía motivada era mi hijo, me levantaba desde temprano para llevar al niño al jardín infantil y después de ahí al trabajo, y de regreso lo mismo día tras día, nada nuevo en mi vida sentimental había. Hasta que cada una de mis cuñadas del segundo bebe quedaron embarazadas, y la familia empezó a crecer aún más. Un día, El padre de mi hijo me dijo, intentemos vivir juntos, lejos de todos los demás, busquemos un lugar para los dos, tal vez así la relación mejorara. (Pues algunos días vivía en casa de sus padres, y otros se quedaba en el lugar donde vivía yo).

Después de un proceso de selección largo, a un banco de renombre logre ingresar, trabajé desde el puesto más básico y poco a poco varios ascensos logre alcanzar.

Es así como decidí comprar un apartamento, ya que el banco en el que trabajaba me daba facilidades por ser empleada, tener algo propio era mi anhelo, pues toda la vida había vivido de trasteo en trasteo, casas arrendadas. Seria parte de la herencia que dejaría a mis hijos y refugio seguro para los míos, es así que a ese lugar nos fuimos a vivir los dos. (Por cierto, solo duramos año medio hasta que definitivamente todo acabó).

Varias compañeras del trabajo compraron apartamento por la misma unidad residencial, así que visita nos hacíamos y así nos acompañábamos por las tardes un rato. ¿Un día una de ellas me llama y me dice sabes donde esta tu compañero? Le dije sí, claro, él está en la tienda con unos amigos, me dice él con otra te está engañando. Acabo de verlo agarrado de la mano de una mujer y a su apartamento se fueron a meter. Así que yo le llame averiguando por su paradero y él me insistía diciendo estoy aquí con mis amigos no me joda y no creas en esos cuentos. Como una tonta le creí y no le insistí, pasado unos días, se presentó una reunión en mi conjunto residencial, él ha invitado a esta persona y me la ha presentado para que yo creyera que su relación era por cuestión de trabajo. Ella se sonreía y después varias vecinas me advirtieron y me decían, vecina su esposo le está colocando cachos. Así, que le hice el reclamo y cómo siempre con palabras astutas terminaba el tema embolatado, yo le creía y dejaba el tema olvidado, eso sí, tenía un poder de convencimiento y el tema lograba eludir.

Aun así, la relación empeoró, era más posesivo y aunque defenderme sabia yo, a él le tenía miedo pues era muy violento y tenía temor de lo que me fuera a hacer. Supuestamente dejó de trabajar que, porque se iba a dedicar a estudiar, solo fue temporal, porque utilizaba el dinero de los semestres que su padre le daba, para irse a emborrachar y a mi apartamento llegaba y sin causa empezaba a pelear, perdía la razón y al otro día estaba pidiendo perdón. Solo había alguien a mi favor y era su padre, que buen señor, era un pan de Dios, inteligente y muy trabajador, él se dio cuenta de lo que pasaba entre su hijo y yo, de todos los maltratos y los abusos que vivía en esa relación. Él me decía hay mi niña él es así por un golpe que de niño se dio, su mama y sus hermanas le tenían miedo porque el escándalo en las calles les hacía pasar, era celoso con ellas, posesivo y no se podía controlar. Así que quejas a su padre le daba yo, pues él me decía, "si él le llega a hacer daño a usted o a mi nieto yo le pongo un "tate quieto", porque a respetar le he ensañado yo". Es así como se mantenía la relación, pero siempre mantenía la esperanza que él algún día cambiara y pudiéramos ser una pareja "normal". Su familia era muy unida, en ellos encontré el refugio que siempre en la mía quise encontrar, todos se reunían para cualquier ocasión celebrar, inclusive cuando mi ex suegra de viaje se iba, yo era la encargada para mi exsuegro prepararle de cocinar. Eso sí, a mí me daban siempre regalo de cumpleaños, hacían almuerzos, me trataban como a una hija más. Yo considere a mi exsuegro como a un papá.

CAPÍTULO 6

LUNA NUEVA

Pasados 4 años y medio, decidí tener un segundo bebe, pues quería que mi hijo tuviera un hermanito y que fuera del mismo padre también. Es así como decidí quitarme el Norplant un método de planificación y la doctora me aseguró que en 7 meses podía quedar embarazada, pues llevaba un buen control.

Pareciera que la historia se fuera a repetir, es como un círculo vicioso, vives la misma experiencia una y otra vez, tanto así que pensaba "este es mi destino, nací para ser maltratada y abusada y con eso tendría que lidiar." Como me podía mi ego levantar, si mi padre desde muy pequeña me declaraba cosas negativas y cuando creo conocer el amor, termino repitiendo la historia de mi madre, siendo golpeada y maltratada, física, mental y emocionalmente.

Con respecto a mi lugar de trabajo, como en toda organización reuniones siempre se programaban, una que otra reunión social y decidí asistir sin decirle a mi pareja nada. Que diferencia había, si de todas maneras él se iba a negar, me fui con el niño y cuando regresé él estaba endemoniado en la casa. Me insultaba y me reclamaba que de donde venia, ¿que si llegaba de revolcarme con alguien en la cama?, así que con furia me agarró a golpes contra el piso, empecé a sangrar y de urgencias tuve que ir al hospital, y a su vez una noticia el doctor me dio, "señora embarazada está usted y al bebe puede perder, pues la golpiza que recibió en alto riesgo la dejó". Ese día una emoción me invadió, era un segundo bebe que anhelaba yo, pero al mismo tiempo tenía preocupación, pues no quería que nada le pasara, y debía tener mucha precaución. El día que fui a un sonograma, el padre del bebe me acompañó, y el doctor dijo felicitaciones, espera un barón. Yo emocionada lo único que me importaba, era que él bebe estuviera sano. Pero al papá del pequeño la noticia le disgustó, salió enojado por la noticia del doctor, pues él quería niña y según él la culpa era mía, y nuevamente conmigo la emprendió, me decía inútil, que decepción, usted como siempre hace todo mal, ni para eso sirvió, yo salí enojada y le dije el sexo no lo pongo yo, se supone es el hombre el que tiene la semilla en su interior. Mi hijo mayor se alegró, era feliz y el hasta el nombre del bebe lo escogió, me consentía la barriga, le saludaba de noche y de día, y el pequeño en mi interior, saltaba cada vez que escuchaba su voz. Desde ese momento mi embarazo fue de alto riesgo, pasé más tiempo hospitalizada que en casa, nuevamente preclamsia volví a tener, así que trataron de tardar el nacimiento de Diego Andrés, pero era un riesgo, así que de 8 meses cesárea me volverían a hacer. Un niño peludito, lleno de bellos hasta la espalda, blanco ojos color cafés, tuvo mejor peso que su hermano mayor al nacer, pero sus pulmones eran frágiles, así que en incubadora por una semana tuvo que permanecer. Su abuelo feliz me dijo que me quedara en su casa para la dieta del postparto poder tener. Pero no quería incomodar así que a mi apartamento decidí llegar y contraté los servicios de una señora para que me ayudara con los quehaceres de la casa y los alimentos preparaba, porque yo estaba convaleciente y tenía que cuidarme de la cesárea. De mi madre, poco supe de ella, pues casi no me visitaba y cuando lo hacía era por poco tiempo, recuerdo que un día dijo no muestre al niño todavía, tiene mucho pelo, espere que se le caiga y engorde un poquito más. Eso me dolió profundamente así que ella solía llamar y yo no le respondía el teléfono pues sabía qué era solo para criticar. De mi familia, que puedo decir, mi hermano menor siempre estaba ayudándome y se vino un tiempo conmigo a vivir, de esa manera el me ayudaba con él bebe cuando yo tenía que salir.

Los primeros dos meses de nacido Diego, su padre estuvo pendiente, él lo bañaba, se encargaba de hacerlo dormir, yo pensé que había cambiado pues era diferente al hombre violento que conocí. Era importante para mí que él se hiciera cargo de su cuidado pues yo trabajaba el no hacía nada, así que, ¿qué más podía pedir? Un día llegue del trabajo recuerdo que Diego, tenía cuatro meses de nacido y estaba un poco delicado, pues sus pulmones no habían madurado bien, así que cualquier viento le hacía daño. Llegué de trabajar y como de costumbre llegaba al cuarto buscando al bebé, pues Cristian estaba donde su abuelo pues le habían dado paperas, una condición que no permitía que estuviera cerca del bebé, porque se la podía prender. Así que una sorpresa me llevé, y es que el niño no estaba, ni en su cuarto ni en el mío. Estoy sentada en la cama pensando dónde su padre se habrá llevado al bebé y cuando me inclino para desabrocharme los zapatos veo debajo de la cama un pié. Asustada me tiro al piso y lo veo entré el espacio de la mesita de noche y las patas de la cama, desnudo solo con el pañal y dormido se encontraba. Lo saqué con cuidado y empecé a llorar agarrándolo entre mis brazos pensando que estaba muerto. Él empezó a llorar y yo llame al abuelo para darle quejas de su hijo y el me dijo llévelo inmediatamente al hospital, pues no sabemos por cuánto tiempo así ha permanecido. A Dios gracias ni un golpe, ni un rasguño había recibido, los médicos decían un ángel ha cuidado de la criatura, porque por la posición que él tenía y la altura de la cama, daño se pudo hacer. Una vez llego el padre al apartamento un escándalo le logré hacer, yo lo insultaba y le gritaba y él decía solo lo dejé por unos minutos nada malo pasaría. Pero yo ya había llegado hacia hora y media y señales de él no se veía aparecer. ¿Dónde se encontraba? estaba tomando con sus amigos, otros igual que él, que no trabajaban, pero plata si había para beber.

Solía salir a menudo con los niños, a un parque, a un pueblo cercano, siempre planes hacia con ellos para salir del estrés. Pero incidentes pasaba cuando iba con Diego y Cristian en los buses, mis manos ocupadas, un morral a mi espalda, Diego en el cargador en la parte del frente y en mis manos bolsas de comida o cosas que a diario compraba. Este incidente ocurrió varias veces, cuando iba a bajar del bus con Diego, de repente el conductor del bus empezaba a manejar llevándose a Cristian, sin darme oportunidad del bus ayudarlo a bajar, así que me quedaba con la mano extendida y corriendo desesperada detrás del bus, gritándole con palabras obscenas pues el conductor por su afán no le importaba si el niño se llegara a caer y golpear. Así que después otro mecanismo quise tomar, dejaba que se bajara primero Cristian y así yo después con Diego bajar, pero eso no funcionaba pues el bus a mí me llevaba y Cristian quedaba solo llorando y yo como loca gritándole al conductor, al punto que me le iba al frente provocándolo para golpearlo. Algo agresiva era yo, podría decir que cuando se metían con los míos yo parecía un león. No me importaba a quien me enfrentaba, lo único que me interesaba era saber que los míos estaban bien. Otro incidente iría a pasar, estaba con Diego en el bus de camino para Melgar, un parque en Colombia muy popular, su nombre psicólogo, un lugar de recreación familiar. Estaba en el bus y de repente el conductor hizo una parada, para que un pasajero comprara agua en una gasolinera pues su hijo estaba enfermo. Un oficial de policía estaba cerca y con actitud reclamó al conductor del bus, pues al parecer donde hizo la parada no era permitidlo y una multa se ganaba. Pero este con educación le explicaba que era para ayudar a un padre porque su hijo enfermo se encontraba. El oficial de policía, sin explicación, dijo "el bus queda detenido y para los patios se va hoy. Así que todas las familias del bus empezaron a discutir, pues no era justo, no había infringido la ley. Para ese entonces yo trabajaba en la Policía como civil, así que de procedimientos algo sabia. Decidí bajarme del bus para poder con el oficial hablar y este en su enojo dijo "No me diga nada vieja hijueputa, y vaya ocupe su lugar" yo me enfurecí y no me pude controlar, y una cachetada a su cara le vine a sentar. Así que nuestra voz empezamos a alzar, la gente del bus se tuvo que bajar, Diego apenas miraba por la ventana de bus y no paraba de llorar. Este oficial de policía, refuerzos iría a llamar. Cerraron la AV. Boyacá, una avenida importante en Bogotá. Llegaron alrededor de 15 oficiales, patrullas y mucho más. Sus superiores le empezaron a interrogar y a un lado me han llamado para empezar también a investigar. El asunto no llego a mayores pues yo les hice saber que en la policía yo trabajaba y podía hacer que le levantaran sanción disciplinaria por su actuar. Yo sabía que me había excedido, pero en ese momento nada me podía amedrentar. Como sea, nos dejaron nuestro camino continuar, la gente del bus me empezó a felicitar y aplaudir, pero para mí fue el peor paseo, pues sabía que la corrupción existía, muy dentro de mi creía que el policía, podría tener amigos en la guerrilla y en algún momento el bus en la carretera obligarlo a parar, hacerle daño a Diego o llegarme a matar.

Gracias a Dios, nada de eso llego a pasar, aun así, sabía que mi reacción tenía que controlar. En otra ocasión a un loco me le vine a enfrentar, pues yo iba con Diego en el coche y con Cristian agarrado de la mano, pues íbamos para el apartamento, y este hombre de repente furioso piedras empezó a arrojar. He agarrado a los niños y corriendo al apartamento los vine a dejar y salí furiosa, llamé a un amigo para que me ayudara a localizar a este sujeto y ensenarle a respetar. Lo buscamos por varias cuadras, tuvo suerte pues no lo logramos encontrar, mi amigo cargaba un tubo de hierro en su carro y con eso lo iba a asustar. En otra ocasión con un conductor de bus me vine a enfrentar el saco una llave para amedrentarme y yo sin miedo pasé la registradora para provocarlo a ver si me iba a golpear, la gente se interpuso para evitar que una tragedia llegara a pasar. En otra ocasión me encontraba saliendo de trabajar, caminaba hacia la parada del bus, ese día había tenido un mal día en la oficina, pues por la pereza de una compañera a todos nos habían regañado, así que a varias cuadras del lugar una mujer cargaba un costal, era una mujer que parecía tener algún problema mental, cargaba un costal con cosas personales, olía terrible pues creo lleva tiempo sin poderse bañar. Ella pedía dinero a la gente que en la parada del bus solían esperar, además era exigente pues no aceptaba cualquier moneda porque al suelo la iba a arrojar. Así que se me acerca y me dice "deme una moneda pues tengo hambre y quiero comprar algo para almorzar," le dije, no tengo dinero disculpe, pero nada le puedo dar. Esta mujer con furia me dice "que me dé una moneda" y empezó a decir palabras obscenas, así que yo enfurecida le grite más fuerte y le dije "no me joda viaje pendejo, que monedas no tengo déjeme en paz" era tanta mi furia, que ella casi se tropieza con su propio costal, y salió corriendo, diciendo que yo era una loca ya que la había logrado espantar. La gente que estaba a mi alrededor en silencio se quedó y no me dejaban de mirar, pues yo vestía elegante, con tacones altos, bien peinada, completamente opuesto a la reacción que demostré en ese lugar. Al día siguiente varias personas en los pasillos de mi lugar de trabajo empezaron a hablar, pues varios de ellos estaban en ese momento cuando el incidente acababa de pasar. Unos se reían y recalcaban el valor que yo tenía para poder una persona violenta de esas enfrentar, sin importar si me podía atacar.

En otra ocasión un par de muchachos se me acercaron para robarme el celular, yo gritaba y les insultaba y no me deje atracar. Cuando el uno le pregunta al otro quítele el bolso, el otro decía no puedo eta mujer parece una culebra se mueve de tal manera que la cartera no puedo agarrar, mientras tanto el otro forzando a quitarme el celular, yo agarraba fuertemente que hasta las uñas y sangre yo misma me vine a sacar. Por suerte se cansaron de pelear y se fueron corriendo pues conmigo no podían más. A unos 20 pasos, un carro de la Luz se encontraba parqueado y los trabajadores se encontraban afuera en la calle almorzando, y con furia me acerque y les insultaba, pues todos se dieron cuenta lo que paso y nadie hizo nada. Con furia les decía, "podría ser su, hija, su mama o alguna hermana, ¿cómo es posible que se rían y no reaccionen en nada? Uno de ellos dijo, usted no necesitaba ayuda, pues sola se defendía, usted a los ladrones logro espantar y más rápido de lo que nosotros creíamos que iba a pasar. En ese momento me subí al bus pues estaba a varias cuadras de mi lugar de trabajo, con tristeza, no podía creer que eso me estuviera pasando, tanta injusticia y la gente sentada mirando.

Dios siempre fue mi protector y sé que él mandaba ángeles al rededor mío, me siento afortunada, en este momento podría estar muerta o viviendo amargada sumergida en la tristeza, odio y/o quien sabe en qué lamentable condición. Dios se ha manifestado en tantas ocasiones que no puedo enumerar. Mi vida es una vida de milagros que, aunque a veces me sentía sola era parte de mi proceso de sanidad y liberación.

Solía asistir a una iglesia cristiana, la parte espiritual siempre formó parte importante para mí soporte emocional, pues necesitaba la voz de Dios escuchar. Aunque muchas decisiones las tomé por inmadura y por acelerada, Dios siempre su protección me ha sabido brindar y de alguna u otra manera, ángeles a su paso siempre iría a colocar.

Dios siempre de mi cuidaba, en los tiempos de escasez y en todo momento se manifestaba. En una ocasión pasaba por una panadería, solo tenía para comprar un café y un pan, ese era el desayuno de ese día pues no tenía para almorzar, así que saliendo de ese lugar un mendigo sentado en las escaleras de la panadería pedía monedas o algo para poderse alimentar. Yo me sentí conmovida y me dije a mi misma. "Seguramente este hombre lleva varios días sin poderse alimentar, yo al menos en la casa con algo puedo improvisar. Así que le di el café y el pan y contenta de ver su rostro me fui a trabajar. Llegada la hora del almuerzo, de repente la señora de la cafetería del lugar donde trabajaba me llamó y dijo un pedido a su nombre llegó. Y con asombro me quedé pues era un almuerzo ejecutivo, que alguien había ordenado para mí. No fue esa la última vez, muchas veces sorpresas así recibí. Regalos, almuerzos llegaban y nadie sabía por lo que yo pasaba, Dios siempre ha cuidado de mí.

En cuanto a mi desarrollo profesional, ha sido bien complejo por falta de dinero. Estudié secretariado bilingüe, durante dos semestres, idiomas y negocios internacionales tres semestres, criminalística tres semestres, pero las carreras no podía terminarlos, mi deuda aumentaba y no me daban crédito, pues no ganaba lo suficiente para poder pagarlas. Es triste como sientes que se te van alejando los sueños por falta de un programa que ayude a las personas de bajos recursos a poder tener una carrera profesional. Todo es como decimos "palanca o rosca" si tienes a alguien con poder en alguna organización esa es la manera de poder tener una estabilidad económica, pues te ayuda a vincular sin tener inclusive experiencia. Los sueños se frustran, el desánimo se apodera de ti, siempre he dicho es Dios y suerte para mí.

El mejor regalo que la vida me dio fue tener estos dos niños porque mi vida cambió, han sido mi motivación, mi fuerza mi motor. Mi día empezaba desde muy temprano en la madrugada, toda la carga yo la llevaba, pues el papa de los niños poco me ayudaba, afortunadamente el abuelo (su padre) me apoyaba. Siempre vivía asustada, aunque no lo demostraba, pero el papá de los niños me lastimaba, y viva traumatizada, de mi abusaba, psicológicamente quedé marcada, mi autoestima no valía nada, me sentía, fea y cada palabra que el me repetía, en mi mente quedaba grabada. Muchas veces me golpeo e insulto en la calle. Estando en nuestro lugar de trabajo una ida estaba de mal humor y celoso como siempre, no podía hablarle a nadie a si fueran temas laborales, me agarro del cabello y me subió arrastrada por las escaleras, unas compañeras se dieron cuenta pues estaba en el baño llorando desconsolada. El solía salir a beber bastante, si había partido de futbol, se emborrachaba, si perdían de igual manera se emborrachaba y llegaba a vomitar, a tirar las cosas, a insultarme y a tratarme mal. Un hombre controlador, si me demoraba más de 5 minutos en llegar al apartamento decía que era porque tal vez había tenido sexo con alguien durante esos minutos, ya que no tenía excusa de llegar tarde y que así sea en una esquina, en el ascensor o en cualquier lugar podía tener relación sexual porque eso no demoraba tanto. Su mente celosa no lo dejaba pensar, era dominante, siempre yo vivía con miedo, aunque trataba de no mostrarle debilidad. No tenía paz, no tenía la manera de poderme liberar, se aparecía en la oficina, en shorts y chancletas, haciéndome pasar vergüenza, pues trabajaba para un banco y a él no le importaba hacerme abochornarme delante de los demás. De repente un día, como era su costumbre se emborracho, llego de madrugada y empezó a echarme jarreados de agua fría, en la cara para que me despertara, tenía una caja de monedas, pues pertenecía a la administración del conjunto residencial, pues el de las finanzas se encargaba, empezca a arrojarme una por una en la cara, me decía a las putas se les paga, pues según él, para eso era la mujer, para que estuviera dispuesta a entregarse a él cada vez que a él se le diera la gana. Yo trataba de no discutirle pues no quería que a la fuerza me agarrara, y de mí abusara, mucho menos que los niños escucharan. Ese día tenía visita, pues mi cuñada me había dejado su hija para que con mis hijos jugara.

Ellos se despertaron por tanto grito y tanto drama, pues este hombre empezó a golpearme, estaba enloquecido, intento ahorcarme. Yo solo gritaba y lloraba, les decía a los niños que en el cuarto se encerraran, pues no quería que ellos miraran. Intente escaparme, pero el del cabello me arrastraba. Esa noche fue una pesadilla, yo pensé que de ahí no saldría viva. Así paso toda la madrugada hasta el día siguiente en la mañana, de repente y sin razón su actitud cambió, me empezó a abrazar y sin más ni más me decía que no llorara que nada pasaba, que, si quería desayuno, él lo preparaba. Yo estaba aterrorizada, así que él se fue al supermercado a comprar lo que le faltaba, pues no había suficiente comida en la casa. En ese momento recibí una llamada, era mi cuñada, quería saber cómo todo estaba, yo empecé a llorar a pedirle ayuda porque ya no podía vivir así más. Ella a su padre llamó, y así conmigo él se comunicó, me dijo tome un taxi, agarre a los niños y aquí en el apartamento la espero yo. Mi apartamento era en un quinto piso, agarre a los niños y con mucho temor, baje al primer piso y carro que pasó ese agarre yo. Tenía mucho temor, si el papa de los niños llegaba a darse cuenta de lo que estaba haciendo yo, creo que hoy en día no estuviera viva. Una vez llegué a la casa del abuelo, él y su esposa consuelo me dieron, se dieron cuenta de los golpes que tenía en mi cuerpo, ellos estaban enojados por la actitud de su hijo y esa clase de reacción, así que su padre me aconsejo que le pusiera una demanda, cargos por abuso y agresión. Cuatro días de incapacidad me dieron por medicina legal para poderme recuperar y una citación para poder conciliar, (citación que nunca cumplió), pues se trataba de violencia intrafamiliar y eso ya era un delito menor. Una de mis cuñadas siempre apoyo me dio, ella no estaba en contra de su hermano, ella estaba a favor de una buena relación, así que ese día hospedaje en su apartamento me dio. De repente una llamada entró, era el padre de los niños pidiendo explicación, con voz calmada me decía "ven mi amor no tienes que huir, aquí te estoy esperando, nada malo ha pasado entre los dos". ¿Le respondí "cómo? "Que acaso no te acuerdas de lo que hiciste? Los niños todo vieron, que gran decepción, yo no quiero nada contigo, todo ha sido un gran error".

Desde ese día todo cambió, pues el abuelo me apoyaba, aunque la abuela ya no, ella me dijo: "sea lo que sea es mi hijo, siempre lo defenderé, no importa la causa del problema o si tiene o no la razón". Pasados varios días, al apartamento regresé, cambié las guardas de la puerta y su ropa en bolsas plásticas empaqué. Me comuniqué con él para que sus cosas al apartamento fuesen a recoger, pero para sorpresa mía, fue su madre la que paso a recoger sus cosas personales, ella renegaba y me miraba con rabia, al contrario de su esposo, él me decía, "estas haciendo lo correcto, siempre cuentas conmigo, cualquier cosa que necesites, me dejas saber." Así que después de idas y vueltas a la corte y muchas citaciones a las que el falló, se logró llegar a una "conciliación" visitas domiciliarias se estipuló. Como el abuelo estaba pensionado, por supuesto, de mi hijo mayor quiso hacerse cargo, 50-50 acordamos y así convivir con los dos. El colegio del niño quedaba cerca de la casa del abuelo, entonces él permanecería más tiempo, así que en su apartamento a vivir se quedó. Al principio problema no le vi yo, pues el niño se quedaba conmigo y su hermano menor y otros días con el abuelo, ya que mi hijo era su consentido. Pero a medida que pasaban los días, el problema se agrandó, el padre no asistía a las visitas y cuando yo iba a recoger al niño mayor, la entrada me negaba, así a la corte volví y el caso se reabrió. Pero la ley un decreto tenia, que el niño a cargo del abuelo quedó, porque él era el que pagaba sus gastos de salud y manutención, lo que yo ganaba no era suficiente para los dos niños y yo, así que dividimos días para que los niños compartieran con las dos familias y crear un ambiente sano donde no hubiese traumatismos, así se legalizo. Pero no todo parecía ser tan fácil, el padre de los niños parecía enloquecer más con su obsesión.

¿Cómo es posible que dos personas que deciden tener hijos con amor terminan odiándose y convirtiéndose en enemigos? La vida golpea y a veces lo hace de manera injusta. ¿Cómo puedes librar batallas cuando tus hijos están en medio? Tanto es el dolor que terminas lastimando a los tuyos y lo peor es que el tiempo que pasa no lo recuperas. A través de los años he aprendido a entender muchas razones del porqué de los traumas, él porque hay tanto matrimonio y relaciones rotas entre las familias. Somos seres emocionales, a veces egoístas, y somos los creadores de muchas situaciones entre ellos frustraciones, esto debido a vacíos creados en nuestro pasado. Tenemos que aprender a separar la relación de pareja con la relación con nuestros hijos, si mi relación como pareja no funciona, no significa que mi relación con mis hijos debe afectarse, al contrario, nuestro bien común debe ser siempre enfocado en el bienestar de nuestros hijos, ellos no pidieron venir al mundo, ellos no son responsables de nuestra inmadurez o de nuestras malas elecciones. No le sumemos más dolor al dolor. La base con la que los hijos crecen será fundamental para su desarrollo mental, emocional y permanecerá a través de sus vidas y se reflejará en cada paso, acción o determinación que tome en el recorrido de esta.

Una guerra emocional iríamos a enfrentar, pues cada vez que iba por Cristian a recogerlo y llevármelo a mi casa, su padre salía como loco a gritar por las calles a insultarme y a decirle a todo el mundo que yo no valía nada, o me trataba como si no me conociera y diciendo que yo lo iba a robar. Yo lloraba desconsolada solo quería a mi hijo poderme llevar. ¿Diego su hermano menor bien pequeño estaba y se ponía a llorar, preguntaba "porque él no nos deja a mi hermano llevar? "Yo trataba de consolarlo inventando algo, me lo llevaba a un parque, al cine o le compraba algo para que lograra su llanto apagar. Desde mi apartamento hasta el apartamento del abuelo quedaba a dos horas de distancia. Había días que llovía fuerte y así nos íbamos, pero su padre (mi ex) nos hacía regresar con los planes destruidos de ese día, con las manos vacías, como si nada, pues la puerta no nos abría, solo podíamos ver a Cristian desde la ventana. El abuelo pocas veces del suceso se enteraba y cuando lo hacia él me llamaba, me daba excusas en nombre de su hijo y decía que tranquila que el de eso se encargaba.

Pero su hijo, donde quiera el me aparecía, se escondía en cualquier esquina y empezaba la persecución, me agredía en las calles y en voz alta me insultaba, quería dañar mi reputación, le dijo a su padre que un padrastro a los niños le tenía yo. Así que el abuelo me llamó y enojado me habló, "no voy a aceptar que a los niños padrastro les ponga, porque tiene a su padre y aunque no responda para eso estoy yo". Así que desde ese entonces nuestra relación cambió, y eso me dolió, yo siempre lo vi como un padre y hasta el sol de hoy, siempre le daré las gracias por toda su atención, un hombre humilde, inteligente y gran corazón, siempre lo amaré como a un papa, como a ese padre que tanto me faltó. Dificultades eran cada vez mayor, a veces el padre de mis hijos cumplía con lo acordado en dicha conciliación, así como otras veces se hacia el de la vista corta, y el abuelo tenía que llamarle la atención.

Pasado poco tiempo, algo terrible, ocurrió el abuelo tuvo un infarto y necesitaba de urgencia una operación. Al mismo tiempo hospitalizada estaba yo, pues una infección renal me atacó. El día que de alta me dieron, al hospital donde estaba el abuelo me fui yo, pero el padre de mis hijos me amenazo: "mi padre delicado del corazón quedó, si usted le causa una fuerte impresión y le llega a pasar algo, usted me las paga y en su consciencia quedara marcada, que por su culpa mi padre murió. Mi padre no quiere saber nada de usted, así que por aquí no la quiero ver". Eso para mí fue devastador, así que la poca comunicación, fue con su esposa, la abuela de los niños, y así me enteraba de lo que a diario pasaba. Ella me decía "aún está en observación, estamos esperando a la reacción", después de practicar una cirugía de corazón abierto, doce horas había que esperar y así determinar su evolución. Pero pasadas 10 horas de buena reacción, su corazón paró, y el abuelo ese día murió. El papa de los niños a mi trabajo llamó y la noticia me dio. Ha sido uno de los días más tristes de mi vida, pues un padre perdía, el abuelo de mis hijos al cielo partiría, la tristeza me consumió. Fui al hospital y al anfiteatro me dejaron entrar para darle el último adiós. Lloraba y al mismo tiempo estaba en shock. Esperaba que se levantara y que todo fuera una equivocación, pero Dios le tenía su hora preparada y no había objeción.

Una vez realizado el funeral y el velorio todo cambió, la abuela me decía "no me quite al niño, porque nosotros con el abuelo hicimos un compromiso y es que el niño permanecerá conmigo, no me lo quite por favor". Le dije "no señora esa no es mi intensión, si el niño lo desea, respetare su decisión". De esa manera me acerqué al niño y me dijo "mamita, con mi abuelo un compromiso quedé yo. Que me quedaría con mi abuelita y si no ella se va a morir de pena y dolor". Le dije "no hay problema, pero cuando yo venga por ti a nuestra casa vamos a ir y así con las dos familias compartir". Mi corazón se partía en dos, solo una madre que haya pasado por este tipo de situación sabe de lo que hablo, no hay consuelo, todo es pena y dolor. El acuerdo nunca se cumplió, cada vez era más difícil los encuentros, me escondían al niño, me lo negaban, hasta cuando por teléfono le llamaba, otra parte de mi pesadilla empezaba.

Con mi hijo menor viajábamos dos horas para poder ir a recoger a su hermano mayor, ya tenía planes, ir al cine, al parque, pasear un rato, o visitar a los abuelos, pero muchas veces nos dejaron con los crespos hechos. La madre de mi expareja decía venga tranquila haga visita, y había días que el clima no nos favorecía, pero eso no me impedía que lo fuera a ver, pues en mis brazos lo quería tener, darle muchos besos, consentirlo y que con su hermanito pudieran jugar y muchas cosas juntos poder realizar. Pero malas jugadas el padre nos hacía pasar, cuando a mi hijo mayor íbamos a recoger, el padre por la ventana se asomaba y decía "lo siento, pero el niño no sale hoy". Yo le reclamaba "vengo desde lejos y su hermanito quiero verlo" me decía "de malas pues el viaje usted perdió".

Mi hijo menor, sufría y lloraba por no ver a su hermano mayor, no había consuelo para él, pues ellos tenían una buena relación. Yo me llenaba de ira, lamentaba mi situación, ¿siempre me preguntaba hasta cuándo viviré esto señor? ¿Cuándo dejaré de sufrir? la felicidad no existía para mí. En esa época, estaba de moda el chat por computador, así que conocí a un muchacho que trabajaba para las fuerzas militares así que el oído me endulzó y una relación a distancia nació, yo me entusiasmé y promesas me hacía porque él decía que una relación seria quería. Pasados ocho meses, perdí comunicación con él. Había desaparecido, noticias suyas no volví a recibir, tristemente quedé, con una gran incertidumbre, pues quería saber qué pasaba y deseando que todo estuviera bien. Una amiga del trabajo había sacado visa y me animó para que yo la sacara también. Para esa época, en mi lugar de trabajo, estaban ofreciendo planes vacacionales, quería aprovechar esa oportunidad y ya que nos daban facilidad de pagar, me animé aún más, así que alisté mis papeles y a la embajada americana me presenté. Recuerdo que una señora me dijo, "tú eres la primera que encabeza la fila, si pasas la entrevista el resto de la gente detrás de ti pasara también". Estaba muy nerviosa, pero a la misma vez segura y todo salió muy bien, pues la entrevista pasé. Así que pedí vacaciones y el viaje alisté yo, quería ir a los Estados Unidos, ese era un sueño que deseaba fuera cumplido. Con mi madre al cuidado de mi hijo menor lo dejé, ella sabía que le dejaba lo más preciado de mi vida, uno de mis bebes, Diego Andrés.

En cuanto a Cristian Camilo, estaba más tranquila, pues la otra abuela de él se encargaba y entre ellas después podían cuadrar para hacer visitas y así los niños se vieran y lograr pasar tiempo de calidad. Con mi madre llegué a un acuerdo, le dije, "se va a ir a vivir a mi apartamento, yo me encargaré de su sustento, comida, servicios y cursos para que se entretenga, pues quería que el niño estuviera seguro y no le faltara nada y al mismo tiempo estuviera contento. Decidí marcharme para los Estados Unidos como turista, así fue como las puertas de una gran nación se abrieron para mí. Llegue a New York, una amiga me esperaba y un trabajo en un restaurante me encontró, estando en ese lugar un muchacho todos los días solía pasar, solo me sonreía, pero no se atrevía a entrar. Hasta que un día, me lo encontré cuando mi turno de trabajo estaba por terminar, parecía ser buena persona y empezamos a hablar. Un encuentro y otro más, así fue que decidimos una relación empezar. Me presento su familia y todo parecía marchar bien, hasta que llegó el momento que me tenía que regresar a mi país natal, pues visa de turista tenía y ya estaba por culminar. (Para proteger su identidad a este personaje le llamaremos Jack). Él me decía "si te vas, tal vez no vayas a regresar, yo estoy enfermo y no sé si me encontraras de nuevo", (Jack, de repente paraba el carro en cualquier lado y decía que coágulos estaba vomitando y cuando yo le decía que me dejara ver, cerraba la puerta del carro y arrancaba a correr, según él, no quería que yo me fuera a traumatizar si toda esa sangre yo fuera a ver). Yo le creía, pensaba que él moriría, y no podía irme y cargar esa pena en mi conciencia. Así que su familia una proposición estaba por anunciar, nos dijeron, si se aman, matrimonio se debe preparar, lo haremos en silencio, nadie se tiene porque enterar. Así fue como nos casamos y una aventura estaba por empezar.

Nadie supo del matrimonio más que sus papas una tía y una sobrina, pues se pensaba realizar una fiesta por lo alto, pero necesitaríamos tiempo para organizarla. Pero que va, puro cuento, este hombre más tacaño, solo puro bla, bla, bla, el dinero que ganaba todo se gastaba, en apuestas, colección de artículos deportivos y otras cosas más. Pensé que viviríamos aparte, como toda pareja recién casada, pero vivimos todo el tiempo con sus padres, ellos muy amables, pero la pareja sola debe estar. Así que él me dijo, "nunca de mis papás me voy a separar, la que viva conmigo a ellos también se tienen que aguantar" y de repente problemas se empezaron a notar. Empecé a descubrir qué secretos escondía y era un adicto a la pornografía, sin darme cuenta el me empezaba a fotografiar, si salía de la ducha y mientras desnuda estaba, el parecía enfermo y más de 800 fotos en un solo día me tomaba. (Me di cuenta, pues un día dejo el teléfono abierto y decidí a su cámara entrar, solo por pura curiosidad y que sorpresa me vine a llevar). Solía comprar revistas, películas y todo para en la media noche en silencio despertar y se empezaba a masturbar. Yo enojada le decía, "no tienes de esto necesidad, ¿tienes esposa porque escondes estas cosas?" Me decía "he sido así desde hace mucho tiempo, me emociona ver a otros tener sexo y yo poderme involucrar".

Con su anterior matrimonio por esta razón tuvo dificultad y noviazgo que tenía, noviazgo que volvía a fracasar, pues tenía inconvenientes relacionado con su sexualidad. decía que desde joven un sueño anhelaba y quería que se hiciera realidad: que tuviera relaciones con otro hombre y él así poderme filmar, según él, eso lo excitaba, le dije "estás loco, eso jamás pasará". Me decía "eso es normal, yo me encargo de buscar la persona, de hecho, ya tengo en mente a varios candidatos, solo es cuestión que te decidas y así elegir con quién y cuándo se realizara". Empecé a sospechar de él, pues su actitud para mí no era normal. Un día un amigo le vino a visitar, pero en su carro se quedaron toda la noche, y vi su carro de lado a lado menear, se me hizo extraño, después le pregunte, ¿"que ustedes estaban haciendo por tantas horas dentro del carro?" Me respondió "solo hablábamos nada más". Muy extraño para mí parecer, yo empecé a notar que él gustaba de ambos sexos, las cosas empeoraron y con frecuencia empezamos a pelear, pasaban meses y ni una caricia, mucho menos relaciones íntimas, al contrario, el competía conmigo, se enojaba si alguien un piropo me daba, porque decía que a él porque no le decían nada, si era simpático y bien parecido también.

Una estrategia empezó a utilizar, él me amenazaba con la residencia quitarme, si yo hablaba con alguien sobre lo que entre nosotros pasaba. Lo mismo decía referente a mi hijo menor, pues habíamos empezado los tramites de su petición, decía que el gobierno le daba derecho a quedarse con él, así que si yo hacía algo me tendría que regresar a mi país, sin residencia y sin mi hijo también, cosa que me aterrorizaba si eso pasara.

Durante un tiempo trabaje limpiando mansiones, casas, apartamentos, poco pagaban, pero era lo que había en el momento y la persona encargada, hacía que con las uñas limpiáramos los bordes de las tabletas del piso, que porque según ella con los implementos de aseo la mugre aún quedaba. Trabaje en una fábrica de baldosas, que por cierto la posición que me ofrecieron era solo para hombres, tenía que usar unas largas botas y trabajar todo el día en el agua pues trabajaba en el área de cortado, me tenía que inclinar más de 2500 veces, pues una vez la cortadora dividía la baldosa, esta pasaba por otra navaja y cortaba en pedazos más pequeños, así que rápidamente tenía que agarrarlos, porque si no se irían al suelo y posiblemente era material que se perdería, así que debía ser ágil y colocarlos en una canasta. En este trabajo permanecí por tres meses, empecé a enfermar, era demasiado esfuerzo para mi cuerpo, durante un mes permanecí con fiebre, me dolían las piernas, las manos, no podía sostenerme. Pero yo necesitaba mandar dinero a mi país, pues tenía gastos y compromisos que cumplir.

También trabajé en un almacén de ropa, como servicio al cliente, eran trabajos temporales, sin beneficios, tomaba el bus, como otras veces por largas horas solía caminar y bajo la lluvia esconder mis lágrimas, pues me sentía sola, sin apoyo, me sentía atrapada. Aunque Jack tenía carro a veces no estaba de genio para el trabajo poderme llevar., así que a veces me humillaba. No teníamos intimidad, no parecíamos pareja marital, compartíamos cama, pero parecíamos más tener una hermandad. En mi trabajo un muchacho frecuentaba el lugar, mi confianza se empezó a ganar, pendiente de mí siempre estaba y yo le dije "soy mujer casada". Él me dijo tranquila, solo quiero tu amistad, así que le conté a Jack, que un amigo al trabajo me venía a visitar, pero él ni caso prestó, nada le importaba ya...

Situaciones económicas en mi país, se empezaron a presentar, no tenía dinero para mandar, pero este amigo incondicional, dinero me prestaría para mandar. Así que le dije a Jack, este amigo dinero me ha prestado y me ha dicho que tranquila que cuando tenga se lo puedo regresar. Me planteo un negocio, el enviaría dinero a Colombia y mi madre se encargará de mercancía poder comprar, con parte de las ganancias podemos invertir más y de igual manera así mismo el dinero que me habría prestado se lo podría regresar. No le vi problema, parecía un negocio, dónde ganancias podíamos esperar, pero al pasar el tiempo, este amigo se empezó a obsesionar, me buscaba al trabajo y se me aparecía en todo lugar. Yo le deje saber a Jack lo que me estaba pasando, le dije "este amigo me está acosando y me está cansando ya, vas a tener que hablarle y ponerle punto final". Lo único que me dijo fue "tranquila perro que ladra no muerde, ya se le pasará". Algo muy extraño empecé a notar, Jack, muchos viajes realizaba a su país natal, pero yo era muy confiada no le colocaba mente a nada mi malicia indígena ahí me fallo y qué sorpresa me iría a llevar. Me enteré por muy buena fuente que El con una mujer mantenía una relación, los planes que tenía eran de organizarse con ella y formar un hogar, es decir me tenía a mí y a otra en otro lugar. Obviamente él lo negó hasta el final. Como tonta le creí, pues buscaba la manera que le creyera y con regalos y atenciones, lograba mis dudadas eliminar. Al cabo de un tiempo decidimos mudamos a una casa más grande y en medio de la mudanza sorpresas me iba a llevar. Él conservaba casetes de pornografía, fotos de su exesposa y su exnovia desnudas, videos de ellas, afiches y tarjetas de sitios que le gustaba frecuentar. Para mí era difícil tener que esta situación aceptar, yo no tenía apoyo de nadie, toda mi familia estaba en mi país natal, pero igual con ellos no podía contar.

Me encerraba en mi cuarto y por horas lloraba sin parar, cuando iba a los centros comerciales o algunas reuniones sociales, la tristeza me embargaba, pensaba en mi familia, pues quería tener a mis hijos conmigo ya no me quería de ellos separar. A parte de todo Jack me amenazaba, decía cuando traigas a tu hijo el menor, el conmigo se quedará porque te lo voy a quitar y a mi país de origen me lo iré a llevar, ¿valdría la pena ponerlo en riesgo solo porque él pensaba que tenía el derecho por ayudarme a traerlo? En su casa cada fin de semana la familia se reunía, y mucha cerveza solían comprar, así que yo empecé a tomar de más, lloraba y así desahogada mi tristeza hasta quedarme dormida en mi cama, chismes iban y venían ya eso era normal. Estaba desesperada hasta que busqué los servicios de una abogada y le conté lo que me pasaba y me dijo que no me preocupaba que él me podía amenazar, pero de ahí nada más podía pasar. La justicia estaba a mi favor y yo derechos tenía y se tenían que hacer respetar. Pero yo en mi desespero tome la decisión de regresarme a mi País. Hice las maletas y viaje a visitar a mis hijos y mi familia, con la esperanza de nunca más regresar, había decidido con todo terminar. Estuve por un buen tiempo, y una llamada recibiría dé un lugar de trabajo donde había aplicado. Me ofrecían garantías así que decidí regresar y bueno sería la decisión final, al cabo de 6 meses el divorcio estaba tramitado ya. No quería tener ningún vínculo, ni con él ni con nada de lo que había dejado atrás. Así que por casualidad un email recibí y era del chico que una vez por internet conocí. Aquel que por 8 meses empezamos a hablar y de repente se había desaparecido sin ninguna explicación. Para proteger su identidad le llamaremos Mark, él me había dejado de escribir, así que le dije que yo en USA estaba pero que yo no quería saber de él nada, pues online me dejo ilusionada, así que ni la amistad por parte mía podía esperar.

CAPÍTULO 7

FALSEDAD

Y me dijo: "Te deje de escribir porque una buena amiga que tenía le contaba todo lo que por ti sentía y ella me decía, no te ilusiones eso no va para arriba, amores online no existen y eso no es para ti". Así que empecé a pasar más tiempo con ella y un día con ella me quede a dormir y oh, sorpresa embarazada quedó", soy padre de un niño, pero la relación falló, estoy tramitando el divorcio pues nunca hubo amor". Le dije qué pena, que falta de valor, me hubieras dicho y no me hubieras mentido. "Pero bueno la vida es así, nunca pensaste que fuera a venir, muy seguramente hubiéramos podido ser feliz". Así que el me replicó, "no te vayas aun, déjame verte y así mejor conocerte, ya luego tomaras una decisión". Así fue como organizamos una cita, ya que mi vuelo hacia escala en la Florida, y así de frente cara a cara nos podríamos conocer. El me pidió perdón, dijo que no era su intensión causarme daño y no quería dejarme ir otra vez. Me pidió una oportunidad para poder empezar una nueva relación así que tome el vuelo a mi lugar de origen, pase varias semanas y luego regresé. Le dije, "la última oportunidad te daré". Después de varios meses de separación no tenía sentido que siguiera casada con alguien que a parte de mi tenía otra en la casa, así que mi divorcio legalicé. Ilusionada en empezar otro capítulo, puse toda mi energía y amor para que saliera adelante la relación. Estudie un asociado de Asistente Medico, solicite a mis hijos para que vinieran a vivir conmigo. Como yo no quería deberle favores a nadie yo hice la petición por mi cuenta. No quería vivir más tiempo separada de ellos, se me quebraba el corazón cada vez que iba a mi nación y tenía que regresar devuelta y sin ellos.

Cabe anotar que a veces viajaba tres veces por año, no era fácil, cada despedida era un gran dolor. Algo sí me entristecía y era que, para traerme a Cristian Camilo, sería un gran lio, pues él vivía con su padre y tendría que tener su permiso para sacar al niño de país y él nunca me lo iba a conceder. Por otro lado, yo tenía la custodia de Diego Andrés, así que no tenía ningún problema en tramitar sus documentos, una pregunta frecuentemente Diego me hacía, ¿"mamita cuando vas a venir, o cuando iré contigo"? y yo le repetía "pronto, pronto, prontito, pronto" esa frase le daba algo de consuelo y esperanza. Varios años atrás, había empezado el trámite de petición para él, pero por alguna razón, inconvenientes se presentaban, un papel, una firma, siempre algo pasó o tomaba más tiempo de lo normal y nunca se resolvió. ¡Pero por cosas de la vida, una situación se presentó con el padre y mi hijo mayor, una fuerte pelea en la casa de su abuela, padre e hijo tuvieron una confrontación, a raíz de esa situación, Cristian tomo una decisión, para ese entonces 18 años de edad tenia, ya era considerado un adulto y me dijo "mami contigo me quiero ir yo! Llévame a Estados Unidos ya tomé la decisión. Así que de inmediato empecé a tramitar su petición, los documentos de mis dos hijos tramité al mismo tiempo y así salió la aprobación. ¿Coincidencia o no? El destino tenía todo previsto, por eso nunca había salido la solicitud de Diego Andrés, pues se tenían que tramitar al tiempo con la de Cristian Camilo y no solo tendría la bendición de tener a uno conmigo, si no a los dos. Uno de los recuerdos más bellos que conservo, es su cara de emoción cuando le dije, todo está marchando bien y pronto nos reuniremos los tres. Se fue a vivir, temporalmente con una de sus tías, luego se fue al apartamento donde vivía Diego y mi mama. Empezó a asumir el papel de hermano mayor y tiempo de calidad con su hermano empezó a pasar. Fue entonces cuando decidí viajar y por 5 meses me quedé, pues me rehusaba a regresarme sin ellos, no importaba el tiempo que demorara. De hecho, tenía pasajes comprados para regresarnos, ¿recuerdo que una de mis primas me dijo "cómo es posible que tengas comprados pasajes de vuelta sin saber si los documentos les saldrá para esa fecha?' Y le respondí "tengo fe que sus documentos saldrán pronto y lograremos juntos viajar. ¡Oh!

sorpresa que se llevaron todos, para aquellos que no creían que íbamos a viajar, pues una semana antes del viaje, llego el día de la gran cita y a la embajada nos presentamos para legalizar la petición. Diego por ser menor de edad, entraba como ciudadano americano y Cristian con la GreenCard. Mi familia organizo una despedida, con lágrimas y la esperanza de empezar una nueva vida y bueno que ya no nos íbamos a poder ver con la misma frecuencia, todas palabras de apoyo y positivismo nos rodearon, fue un gran momento de unión.

El día de la partida, en el aeropuerto mi familia saltaba de alegría al ver que la espera valió la pena, pues todos conocían el sufrimiento que yo traía, pues el padre de mis hijos nos había hecho vivir una pesadilla y ahora la vida me retornaba lo que injustamente me quitó. Por parte de la familia del padre, en el aeropuerto un drama se formó, lloraban como si la vida se los quitara, ¡fue un momento conmovedor! Todos decían un ángel te llevas, trátalo con cuidado, yo les sonreí y les dije, yo conozco a mi hijo, yo sé quién es él, ese día fue un un día de emoción. La abuela me dijo "le doy tres meses y lo veré regresar, porque él con usted no se va a quedar, yo lo conozco bien y a nosotros él volverá." Le dije "al menos el tendrá la oportunidad de ir y conocer y si se regresa ya será decisión de él". Por otro lado, respecto a Diego Andrés, mi madre lloraba y mis hermanos también, pues ellos eran los que estaban cerca de él, 8 años de espera para podérmelo traer. Una vez llegamos a Estados Unidos, al poco tiempo el cambio les chocó. Pues era otra cultura, costumbres, el inicio de una nueva aventura. Pero una ventaja tenía, eran niños y menos de lo que esperaba, no solo hablaban español, aprendieron rápido el inglés y poco a poco se empezaron a integrar. A pesar del tiempo que en este país tengo, reconozco que, en escritura o en pronunciación por mi acento todavía errores cometo. Mis hijos empezaron a estudiar, el mayor empezó a trabajar y a las Fuerza Aérea se logró vincular, mi hijo el menor a la middle school entró. Por varios años, todo bien funcionó. Mi relación, de pareja al principio era buena, pero como toda escoba nueva, todo parecía estar bajo control. Cada uno su esfuerzo colocaba y tratábamos de salir adelante, de eso ellos testigos son. Con esfuerzo una casa compramos, una casa amplia de 4 cuartos, dos baños, moderna, cada uno tenía su auto y trabajo nunca nos faltó. Mi pareja, Él era un hombre sencillo, de buen corazón, asistíamos a una iglesia no denominacional, pero él un poco fanático se volvió y a todo le veía mal. Así que no teníamos hobbies, nada excitante en nuestra vida pasaba, la monotonía nos invadió. Todo le daba pereza, todo criticaba, no le gustaba ningún deporte y cuando le pedía el favor que me acompañara a la escuela a ver a Diego participar, sacaba excusas y todo por quedarse acostado en el sofá. A él, le gustaba cocinar, pero yo tuve complicaciones de salud y obligada una dieta tenía que empezar. Pero él decía la dieta es para ti, así que yo no tengo porque dejar de cocinar, quiero comer lo que me gusta, "que poca solidaridad". Nunca salimos a bailar ni en la casa ni en ningún lugar, Yo siempre he sido atraída por las misiones de la iglesia así que un día le dije me voy para South África, es una misión de la iglesia y quiero participar. Él se río de mí y dijo si claro vamos a ver si es verdad. Y oh sorpresa la que se llevó cuando vio que tenía los tickets y todo listo para esa aventura poder realizar. El viaje fue por diez días y para mí fue una gran experiencia, siento que mi llamado es ese y quiero volver a ir a ese país y muchos más.

Cuando se presentaban voluntariados yo lo animaba a participar, pero él quería solo en la casa quedarse viendo documentales o jugando video juegos y comiendo nada más. Él empezó a estudiar teología porque decía que quería ser pastor, pero no les prestaba mucha atención a las clases, aun así, logró terminar. Yo estudie un AA. Asistente Medico y una vez la licencia logre obtener, decidí estudiar la carrera de psicología pues a la gente quiero ayudar y a la sociedad en algo poder aportar, con sacrificio y esfuerzo me logre graduar, eso fue una alegría porque otro logro pude realizar. Ahora estoy frenada porque trabajo no puedo hallar, ya que, si no tengo un master, él solo bachillerato parece no significar nada. Las cosas iban a su paso hasta que un día mi exsuegra tomo una decisión, y venirse a vivir con nosotros, allí es donde todo cambió. Al principio todo marchaba bien hasta qué opiniones, decisiones y demás empezó a afectar la paz familiar. Así que rentar un lugar aparte para ella viviera, fue la decisión que tuvimos que tomar. Pero Mark, en ese momento no sabía cómo actuar, se quedaba de lunes a viernes en casa de su mama y el fin de semana a la casa se venía a quedar, supuestamente a mí me lo iba a dedicar, según él estaba desesperado porque no sabía a cuál de las dos poder complacer. Las cosas empezaron a empeorar, ya el no daba para mercado, no quería para los gastos aportar. Pues daba para los gastos de su mama y lo que él podía a la casa venía a aportar. Así que tuve tres empleos para yo poder los gastos pagar. El decir de él era aquí no vivo casi, así que mercado no debo gastar, pero había más necesidades, y todo lo tenía yo que pagar. Después de un tiempo su madre se movió para otra ciudad, pues después que un huracán azotó la Isla de Puerto Rico, miembros de su familia se mudaron a la Florida en busca de mejor oportunidad, así que ella, cerca de sus nietos quería estar. Su hijo un apartamento en renta le logro conseguir y a Tampa su mama se fue a vivir, ahora el supuestamente más tiempo pasaría en casa para compartir y tal vez las cosas mejorarían, pero fue peor porque cada semana él se iba a viajar, dizque a visitar a su mamá. Yo trabajaba de noche en un hospital, trabajaba en una tienda de ropa y también trabajaba en un resort como asistente de piscina, así que tiempo no teníamos para intercambiar. En mi trabajo he sido una persona que al comienzo no se da conocer con facilidad, pero una vez cojo confianza suelo ser un pan dulce, soy una persona extrovertida y comunicativa, me gusta escuchar a los demás.

Los días que yo tenía libre, él los tenía que trabajar y sus días de descanso donde su mama se iba a pasear, así que la relación se empezó a enfriar. Interés con los muchachos dejó de mostrar, solo quería permanecer en la casa, sentado jugando Play, y buscando todo el tiempo qué comer.

Como dato curioso, yo entré a trabajar con mi hijo Diego A, en un resort como asistente en el área de piscinas, fuimos compañeros de trabajo, y como yo soy come años, (demuestro menos edad), se enteraron tiempo después que yo era su mamá. Pasamos un buen tiempo juntos, pasamos tiempo de calidad, nosotros somos muy parecidos en nuestro carácter y así mismo también con facilidad logramos pelear. Viajamos a Costa Rica los dos y que buen momento pasamos, yo parecía una adolescente, estuvimos en varios tours y en juegos extremos, fue muy divertido, apreciamos dos adolescentes recorriendo todos los lugares. Ni qué hablar del crucero que tomamos con Cristian y Diego, fue por el caribe, recuerdo que en la noche especial del capitán, había que lucir traje de gala para una serie de fotos. Estábamos muy bien vestidos y cuando empezaron a tomarnos las fotos las personas pensaban que Cristian y yo éramos pareja y que Diego era nuestro hijo. No podíamos de la risa Diego y yo, en cambio Cristian estaba enojado y dijo que no volvería a salir conmigo a menos que yo tuviera pareja, porque estaba cansado que la gente pensara que él y yo éramos pareja. Eso ocurría en todos los sitios, pero bueno yo solo me rio, que puedo hacer si demuestro menos edad de la que tengo, esto no será siempre así, en algún momento la vejez llegara y las arrugas, se empezaran a pronunciar. Después de ese suceso, estuvimos en un par de cruceros más. En otra ocasión con Diego, fuimos a Medellín, aparqué Arvi, la pasamos superbién, aventurando y disfrutando de juegos extremos. Qué puedo decir, gracias a Dios he disfrutado con mis hijos, he pasado tiempo de calidad y grandes memorias hemos construido.

Referente a mi pareja de ese entonces, "Mark", cuando planeábamos salir, de repente una excusa sacaba, que la billetera se le olvidaba, y yo terminaba pagando casi siempre lo que él supuestamente invitaba. Después de un tiempo de estar cansada de la misma situación, opte por salir con mis hijos y empezar a tener planes sin él, ya que nunca se podía contar con él. Un gran sueño se había realizado y era una casa poder comprar. Esta era grande de cuatro cuartos, dos baños, y media yarda de patio, El, ayudo a comprar algunos muebles de la casa, para el con eso bastaba, Yo le reclamaba pues la cama necesitaba sabanas, las ventanas necesitaban cortinas así como muchos lugares de la casa necesitaban decoración, pero él era una persona que se conformaba solo con lo básico. Así que me dedique a trabajar y a la casa poder decorar, fue un sueño hecho realidad. Yo nunca le tuve miedo al trabajo, aprendí a cortar la grama manejando todo tipo de maquinaria para podar el pasto. Empezamos a tener algunas diferencias, ya que yo soy una persona que le gusta que las cosas se hagan bien y cuando el cortaba el pasto lo hacía a medias y por eso la asociación nos llamó varias veces la atención, mandaba cartas diciendo sobre el cuidado que se debía tener al cortar los bordes, pero el poco o nada le prestaba atención, así que aprendí a manejar el tractor, yo pintaba las paredes, resanaba, yo hacia los arreglos de la casa porque él aunque tenía la voluntad de arreglar las cosas terminaba dejándolas al revés, yo le pedía que a la casa se dedicara, que hiciera arreglos que no eran muchos, pero se necesitaban; pero el siempre una excusa sacaba. Recuerdo en una ocasión compramos un reloj moderno para la pared, nos costó 250 dolares, hacía meses queríamos comprarlo hasta que al fin se nos dio. Y un día yo estaba en el trabajo y mi teléfono timbro. Contesto y me dice te tengo una noticia buena y una mala, ¿le digo cual es la buena?, dice "colgué el reloj en la pared…le digo con sorpresa oh que bien... y cuál es la mala? ¿Me dice se ha caído y se ha quebrado en dos, inservible ha quedado…yo le respondí cómo? que paso? que clase de clavos le pusiste? Me dijo "un par de puntillas que había encontrado pero el peso no lo ha soportado, yo quede plop. ¿En otra ocasión la llave del baño se dañó y le dije que buscara alguien para que lo arreglara y me dijo que él se encargaba de solucionarlo, así que me fui a trabajar y recibo una llamada y dice "te tengo una noticia buena y una mala" le digo cual es la buena? Me dice "arregle la llave del baño. le digo ohh que bien y cuál es la mala? Dijo "quedo instalada al revés, la llave en vez de instalarla hacia arriba quedo hacia abajo y en la parte del agua caliente salía agua fría y en la parte de agua fría salía la caliente…Yo no le dije nada por no hacerlo sentir mal. En otra ocasión quiso hacer un jardín de flores, hizo un rectángulo, ¿al rededor coloco flores y le dije eso es una tumba? ¿Dijo ohh sí verdad? las personas que veían el jardín pensaban que había sido enterrado algo en ese lugar. Igual No le dije nada más, pues no quería hacerlos sentir mal. En otra ocasión quiso hacer un fire pit, cavó un hoyo y después se cansó y dejo eso así abierto, le dije tápalo con algo porque si llueve eso se va a llenar de agua. ¿Dijo no, eso no pasa nada, pues que ha pasado? ¿Pareciera que yo lo hubiera predestinado, esa tarde llovió fuerte y eso parecía un pozo, le digo ahora qué vas a hacer? Dijo, dejar que el sol seque el agua, le digo esa es agua atascada va a tomar tiempo para que se seque y pues al cabo de un par de días ese pozo estaba lleno de mosquitos y dijo ni modos, ya no puedo hacer nada ahí. Otra situación se presentaba, era con las matas que estaban alrededor de la casa, no las podaba, y le dije tienes que mantener esas plantas a nivel, porque de lo contrario eso va a crecer y se va a ver mal. Dijo "nadie se va a dar cuenta de eso, después un vecino nos alertó porque había una serpiente en nuestra área y oh sorpresa que el nido estaba entre las matas que él no quiso cortar, pues había un montón de hojas y monte que se había acumulado. Otras cosas más se presentaban como, por ejemplo, cuando el detector de humo se le acaba la batería, empieza a hacer ruido por lo tanto se necesita ser reemplazadas y el decidió quitar todas las tapas y dejar los cables fuera cosa que se veía mal en la casa, que porque no necesitábamos detectores de humo. Debido a una serie de inconvenientes similares decidimos vender la casa y al poco tiempo estábamos mudándonos a un apartamento más pequeño. Junto con este gran cambio al mismo tiempo se acercaba el fin de diez años de relación. Un día recuerdo que me dijo, Dios no quiera, pero si algún día termino contigo, la otra mujer que escoja de Puerto Rico será. Yo solo me reía y le decía eso nunca va a suceder, porque una promesa hicimos y es por siempre permanecer. Una vez en este nuevo lugar de vivienda, las cosas fueron de mal en peor. Para mi cumpleaños poca importancia prestaba, no era importante para él, pero gracias a Dios yo contaba con mis dos hijos. En este último cumpleaños él se la pasó jugando video juegos, un amigo le dijo que si era por dinero él le prestaba para que me invitara a cenar y él dijo que no porque al otro día tenía que madrugar el menor que me acompañaba, y el otro a la distancia por qué pertenecía a las Fuerzas Armadas y por FaceTime se comunicó. Me hicieron una pequeña celebración. ¿Pero ellos enojados, decían que es lo que pasa con tu relación? ¡Ni siquiera para tu cumpleaños interés mostró! Les dije, "no le pongan mente, esto no tiene solución". Es así como un mes después, estábamos hablando de separación, ¡pero de repente y sin razón él dijo no! ¡Mejor no, el divorcio quiero yo! Entonces yo muy digna le dije, si eso es lo que quieres pues no tendremos otra opción. Al día siguiente él había averiguado y dijo quiero que esto salga rápido, entonces a la corte fuimos a tramitar los documentos que se tenían que diligenciar. Y de repente una llamada telefónica realizó, le dijo a su mama, présteme el dinero porque quiero ponerle a esto punto final. Y así mismo ella el dinero transfirió y Él, el trámite pagó. Ningún beneficio recibí yo; se supone que yo podía pedir pensión alimenticia, pero el muy astuto me dijo no me pidas nada sabes que no tengo un dólar y dinero de la liquidación no me van a dar y si de la discapacidad llegara a recibir, solo un porcentaje pequeño me irán a aprobar para yo poder subsistir. Así que lastima me dio, le dije no te preocupes dejemos así. Trabajo voy a conseguir y si ni un peso vas a recibir, yo no tengo corazón para dinero pedir y bueno estaremos en contacto por si algo llega a surgir. Para la declaración de impuestos decidimos hacerla por separado, aunque el divorcio no se había legalizado, y la sorpresa que me llevo es que él había declarado dos niños que nunca había conocido así que pensé debe ser un favor a alguien para poder recibir dinero, pero declaró que hacía un año vivía con ellos en la casa que estábamos por vender. ¿Así que me surgió la inquietud, será que doble vida llevaba y nunca me vine a enterar? Pues nos mudamos a un apartamento en otra ciudad, así que, según él, nunca yo me iría a enterar. Cuando le hice el reclamo dijo "un amigo un favor me pidió, pero ese dinero no era para mí" … eso era lo que él, quería hacerme creer. En cuanto a su retiro, lo que, si tengo claro, es que el siendo militar buen dinero iba a recibir, yo estuve a su lado por diez años, sufriendo sus problemas médicos, apoyándolo y hasta noches sin dormir, ¡pero ¡qué va! de él, ni un dólar vine a recibir. Después de ese día, dos meses después el divorcio se legalizo. Todo ocurrió muy rápido, a mí se me hizo extraño, pues se veía muy apurado. ¡Y después entendí por qué! dos meses después del divorcio, él estaba de celebración, un nuevo matrimonio se consumió! Si señor así mismo sucedió, ese arroz en remojo lo tenía tiempo a otras y ahí empecé a recordar, tanto viaje disqué donde su mama, pues a la otra mujer iba a visitar.

Al menos lo pude enfrentar y a la cara poderlo mirar y decirle, me acabo de enterar, que te acabas de casar. Qué pena me das, creo que has ido un poco rápido, debiste tomar un tiempo para sanar, y tiempo para ti dedicar, pero de una cama saltaste a la otra sin pensar. ¿El asustado me dijo como te has enterado? Le respondí, "en todos lados lo has publicado, y lo que a mí me habías prometido, a ella se lo has venido a dar.   decirle, me acabo de enterar, que te acabas de casar. Qué pena me das, creo que has ido un poco rápido, debiste tomar un tiempo para sanar, y tiempo para ti dedicar, pero de una cama saltaste a la otra sin pensar. ¿El asustado me dijo como te has enterado? Le respondí, "en todos lados lo has publicado, y lo que a mí me habías prometido, a ella se lo has venido a dar.   Otra cosa, ¿los niños que habías declarado son los hijos de la señora con la que te has casado, no te cansas de decir tantas mentiras? Tu teatro se ha acabado, creo que tú ya tenías todo planeado.

Te deseo mucha suerte, y gracias por los años de felicidad, hubo muchos momentos de gratas sorpresas, alegría, pruebas y dificultad". El nervioso me dice "gracias por la oportunidad, has sido un trampolín en mi vida, ahora a la siguiente no le voy a fallar, has sido buena maestra y eso no lo voy a olvidar". Se fue sin mirar atrás, creo que olvido que teníamos una cuenta en común y las transacciones podíamos revisar, así que sorpresa me he llevado al mirar un depósito que veteranos le ha consignado y en menos de 3 meses $55.000 dólares había gastado ya. Compras grandes, joyas, viajes y los planes que supuestamente iríamos a realizar, todo lo gasto con su familia nueva, suerte para ellos pues sentirían que la lotería ha ganado y la buena suerte les sonreirá. Nunca recibí un mensaje al menos de agradecimiento por todo lo que tuve con él que pasar, creo que merecía algo, pero bueno la vida más tarde se encargará. No tuve cómo pagar el carro pues una cuenta antigua de el a mi carro habían cargado pues yo tenía buen crédito y el score de él estaba muy bajo. Así que no tuve otra opción que entregarlo al concesionario. Ahora sí, sin nada me había quedado, pero era el inicio de una nueva etapa en mi vida y estaba dispuesta a enfrentarlo.

¿Estando sola en este país apoyo de quién iría a recibir? La vida me ha enseñado que no te puedes rendir, siempre he sido buena para el trabajo así que de ceros volveré a levantarme y surgir. Muchos sueños quedaron estancados y ahora mi tiempo ha llegado para hacerlos cumplir. Tengo muy en claro que todos tenemos etapas en la vida y hay que avanzar; he pasado por tantas situaciones que el dolor he podido superar. Cada vez me hago más fuerte y sé que es parte de mi humanidad. Decidí moverme a otra ciudad, necesitaba un cambio radical. Busque en los clasificados un lugar para rentar, llegue a una pequeña ciudad, donde me logre reubicar. Busque trabajo en todos lados y apenas podía mis gastos pagar. Mis hijos a Philadelphia, se fueron a mudar, pues Cristian C, está asistiendo a la universidad y Diego A, quiso seguirlo, para buscar una nueva oportunidad. Finalmente, un lugar estable logré encontrar y después de tanto entrenamiento y pruebas pasar, una puerta se habría para mi carrera continuar. Busqué una iglesia donde poder asistir, me inscribí en un gimnasio, ya era tiempo de empezar a cuidar de mí. Conocí una chica que buscaba apartamento para poder vivir, necesitaba la renta poder compartir y dije bueno ya casi termino el contrato del cuarto, así que sería una buena opción tener un lugar más amplio. Para ese entonces se acercaba su cumpleaños así que esta chica una fiesta programo y entre algunos invitados, sus amigas a un conocido habían invitado con la idea que ellos pudieran entenderse y empezar una nueva relación. Lo que no sabía era que su amiga, la chica de la fiesta ya tenía compromiso, más sin embargo este invitado poca atención le presto. Le llamare Frank, él se me acerco y empezamos a hablar así que al poco tiempo una bonita relación se empezó a crear, pero como tanto no dan por bueno las cosas pronto se irían a acabar. Un día estábamos bebiendo unos tragos, un lugar donde había rock en vivo así que una señora muy emocionada se subió en la barra y ahí empezó a bailar. Con gran sorpresa que la persona que estaba conmigo se le acerco y una nalgada le ha sabido dar. Yo quede consternada pues era una falta de respeto además que hoy en día uno no sabe cómo la gente puede reaccionar. Le hice el reclamo y se enojó así que lo poco que había funcionado esa misma noche todo acabo.

Una situación al mundo iba a revolucionar, llego una pandemia que atacaría la humanidad. Su nombre COVID o corona virus, ha dejado muerte en su andar. Las calles desoladas están, es un virus que no te deja respirar, la gente en sus casas se ha tenido que encerrar. Se paralizo el mundo, la comida escasa esta. Los gobiernos se han unido y se abrieron los brazos de solidaridad. Todos con un mismo propósito y es el de la vida conservar. La vida nos está educando y nos sacó del habitad natural. Muchas cosas nuevas se han creado, y la vida se ha valorado más. Extraño a mi familia, amigos, hermanos, extraño por las calles caminar. Este tiempo me ha servido para reflexionar, algo que siempre quise y era mi historia escribir, para a otros poder inspirar. Mi vida está completa, soy feliz con lo que tengo y sé que algo más grande para mi vendrá. La vida me sonríe, es mi tiempo de triunfar. Durante todo este tiempo Dios no me ha desamparado y ángeles ha puesto en mi caminar, amigos me han ayudado y pendientes de mí han estado, sin ningún interés, velando por mi bienestar. No sé cuántos años la vida me tendrá, pero algo te aseguro y es que con lo que venga la voy a disfrutar, aprender de cada error, forma parte de la evolución y estoy dispuesta al siguiente paso avanzar.

Han pasado tres meses del encierro, no ha sido fácil porque durante este tiempo la comida empezó a escasear.

Recibí un mensaje de texto de Frank donde quería dialogar, decía que antes no se sentía preparado pero lo había pensado y conmigo algo serio quería crear.

Empezamos a hacer muchas cosas juntos, emprendimos nuevas aventuras, pensamientos en común que nos guiaban al mismo propósito, ayudar y luchar por los derechos de esta sociedad. Este es el año 2020, un año de protestas en las calles por la injusticia social, hemos viajado por semanas, recorriendo ciudades aprovechando la soledad de las calles, se ha hecho muy fácil transportarse sea por aire o por tierra.

Algo que es importante en una relación, es respetar la visión del otro, si tienes un sueño asegúrate que tu compañero de vida tenga el mismo pensar. De lo contrario estarás perdiendo el tiempo y te estancarás y tarde que temprano la vida te lo mostrará.

Empecé un nuevo trabajo en un hospital, la pandemia se ha extendido tanto que necesitan personal para trabajar, las clínicas no dan abasto mucha gente muere a diario por esta pandemia mortal. Muchas enfermeras y asistentes se han retirado, es mucha carga de trabajo, demasiados pacientes para una sola persona tener que cuidar. Hay días que son más difíciles que otros, parece que la luna llena se hace notar. Como aquel día, donde recibimos mensajes de alerta porque un paciente fuego había iniciado, después otra alerta donde se presentaba una situación de toma de rehén y nos alertaban estar preparados y cada uno en su lugar de trabajo, puertas cerradas, ese mismo día se inundó un baño se salió el agua por todo el pasillo y pacientes fuera de control. Física y mentalmente este trabajo es agotador, cada día es una aventura y me tengo que llenar de valor. Me gusta ayudar a la gente y le doy gracias a Dios por permitirme servirle y colocar una sonrisa en el rostro de los pacientes, darles apoyo y motivación. Experiencias y eventos empecé a vivir, recuerdo una paciente muy dulce ella, pero poco a poco empezó a empeorar, no respiraba por su cuenta, tenía respirador artificial. Estaba muy enfermita y sé iría a pasar sus últimos días a un hospicio. Pero la muerte llega sin dar aviso ni permiso y así como muchos pacientes por esa época de COVID empezaron a fallecer y otros morían por diversos tipos de enfermedad.

Hay algo que me indigno, aunque sabemos que por ser trabajadores de la salud debemos estar preparados para cualquier situación, eso no nos hace exentos de sentir y llorar, una muerte siempre será impactante, pero lo que más me duele es la falta de apoyo emocional que nosotros como trabajadores tenemos que enfrentar. Yo esperaba que al día siguiente al menos en la reunión de la mañana la supervisora nos diera una voz de aliento, independientemente que el paciente no sea familiar o alguien conocido, el solo hecho de permanecer a nuestro cuidado uno termina tomándole cariño, así que es importante para nosotros al menos una palabra de aliento. No puedo decir nada por temor a mi empleo perder, pero cómo estamos pasando por una situación crítica y cuentas tengo que pagar, callada me tengo que quedar. Con respecto al virus, nuevos descubrimientos se han realizado, mutaciones este virus ha generado. Las escuelas las habían abierto y poco a poco los niños empezaron a ir, pero esta epidemia a hecho que muchos de ellos se enfermen, estudiantes y maestros dejaron de asistir. La gente no quiere permanecer en casa, esta nueva variante hace que el virus se propague más rápido, y sea aún más letal. El virus ya toco nuestra puerta familiar, primos y hermano se han contagiado, pero a Dios gracias se han recuperado. Por parte de la familia de una de mis cuñadas la muerte les ha azotado sin compasión, en menos de 3 meses, perdió a su padre, luego murió su abuelo, después de un mes la abuelita y un tío falleció. La economía está en su bajo nivel, pues la gente no puede trabajar como lo hacía antes, se debe mantener al menos 6 pies de distancia entre persona y persona, se disminuyó la capacidad de personal en los restaurantes, muchos quedaron en banca rota, mucha gente sin tener como pagar las deudas, casas, carros y demás. El gobierno ha proveído alimentos y muchas familias incluyéndome nos hemos beneficiado, es una gran bendición, amo este país, y sé que de esta situación todos vamos a salir.

Las cosas no se dan siempre cuando queremos, o cuando por acelerados decidimos actuar. Todo tiene su proceso, es como el fruto del árbol que tiene que madurar, pero el ser humano por afanado decide tomarlo por adelantado y este será una fruta diferente a los demás, ya sea en color o tamaño y el sabor le cambiará. No ignores las banderas rojas porque después te lamentarás.

CAPÍTULO 8

MIEL

Pensé que mi historia estaba por culminar, pero algo de repente estaría por pasar, estamos en el 2021 y las cosas siguen un poco mal, el virus se ha llevado muchas vidas y ahora mutaciones se han encontrado en su andar. Vacunas se ofrecen por todos lados, la humanidad desesperada por este virus controlar.

Una situación se me ha presentado, hace semanas mi pierna derecha me ha empezado a molestar. Pensé que era una mala fuerza cuando camino o voy a trotar. Al paso de los días este dolor se ha logrado incrementar, tengo turnos de 12 horas en el hospital, lugar donde a diario voy a trabajar y después de un día arduo y cansado es cuando ya no puedo dar un paso más.

Un día común y corriente llegue a laborar, en mi constante movimiento el dolor se lograba menguar, pero cuando tome un descanso el dolor se encuentra empezaba a intensificar y la pierna casi la tenía que arrastrar. Ya estaba por acabar mi turno así que no importaba esperar unas horas más. Pero de repente sentí como una puñalada en mi abdomen y del dolor me tuve que sentar. Mis compañeras se preocuparon y una de ellas me ha llevado en silla de ruedas a emergencias. Tal fue mi sorpresa que dure 40 min para que me colocaran el brazalete con mis datos personales, ese lugar estaba super lleno, no imaginaba cuánto tiempo iba a durar ahí. Otro par de compañeras entraron a grito entero pronunciando mi nombre para poderme hallar. Después de una corta conversación les comenté que a mi casa me quería ir a descansar. Yo sabía que tardaría toda la noche para que me pudieran atender, así que le dije a la persona de emergencia que me tomaría un ibuprofeno para el dolor y al día siguiente si amanecía mal, entonces me haría atender de emergencia y esa sería mi prioridad. Mis compañeras me acompañaron al parqueadero del hospital, me dirigí al apartamento a descansar, pero esa noche no pude el sueño conciliar. Cada que me movía de lado a lado sentía esa punzada y como si se me descolgara una bolsa por dentro. Es así como a las 3:00 am decidí levantarme, en medio de la noche me empecé a sentir un poco deprimida, pero yo misma me daba ánimos, pues siempre he sido una persona muy positiva. Me Dije "sí a mis pacientes yo logro el ánimo levantar, debo hacer lo mismo conmigo, porque de lo contrario nadie por mí lo hará". Así que decidí tomar una ducha de agua caliente y llegada la hora me fui a trabajar al hospital, me encontraba un poco inquieta pues presentía que algo fuera a pasar.

Ese día recibí mi turno de trabajo como de costumbre y alrededor de las 10:30 am me fui a recursos humanos preguntar por mi seguro médico. Pues quería estar segura si algo me fuera a pasar pues que el seguro lo pudiera pagar. Seguía con mi malestar y entendía que en cualquier momento tendría que irme a revisar. Les dije a mis compañeras, tengo trabajo que realizar, necesito los signos vitales tomar, tengo que sacar muestras de glucosa y llevar un paciente a diálisis. La enfermera encargada me dijo, es mejor que bajes a emergencias ya, no esperes más. Así que baje a emergencia, y empezó la toma de exámenes de acuerdo con los síntomas podría ser apendicitis y de ser así tendría que ser operada en la noche o al día siguiente, pues tenían varias cirugías programadas. Mientras esperaba los resultados un llamada recibí, se trataba de una oportunidad de trabajo que había solicitado hacia varias semanas atrás, así que fui seleccionada para el siguiente lunes para el tema poder discutir. Obviamente no les mencione que estaba en urgencias porque no quería perder esa oportunidad y quién sabe si se volviera a repetir. De repente el doctor llego un poco acelerado, me dice efectivamente es apendicitis y se tiene que intervenir, le dije ok, ¿a qué horas la cirugía se realizara? Me dijo en 20 minutos te tienen que preparar, el apéndice está a punto de perforar. Es así como apenas tuve tiempo de textear a mis hijos y decirles lo mucho que los amaba, qué se cuidaran y se apoyaran, pues uno nunca sabe en estos procedimientos que pudiera pasar. Igualmente le escribí a mis primos para pedir oración y agradecida me despedí de todos. Afortunadamente todo salió bien, una vez más, prueba superada, esta cirugía tomo más tiempo de lo que se esperaba, pero esta batalla la logré librar. Mis compañeros me trataron como a una reina, todos sabían que era empleada del hospital y eso me favoreció, pues me hicieron sentir muy especial. Pasado un día a la casa me fui a pasar la incapacidad. Mis hijos estuvieron pendientes a cada instante, mis hermanos y familia todos en general. Estando en reposo una punzada fuerte en el pecho me dejo alertada, se me empezó a dormir el brazo izquierdo, sentía como si me fuera a desmayar. Dure con ese mal toda la tarde afortunadamente poco a poco fue disminuyendo su intensidad. Fui de nuevo al médico y un monitor para el corazón me han colocado durante un mes y así ellos podrían saber la causa de ese mal. No sé qué está ocurriendo, pero parece que esto está afectando mi vida sentimental. De igual manera le escribí a Frank para que estuviera al tanto, al final de cuentas era mi pareja y vivíamos juntos.

Después de ese episodio las cosas empezaron a cambiar, Frank se mostraba desinteresado ahora permanece malhumorado ya con el no se puede nada planear. Decidí buscar apartamento para mi hijo menor y para mí, así tendría la oportunidad de tener mi espacio y así la relación podría subsistir. De repente Frank, empezó a presionarme para que me fuera de su lado, con la excusa que ya no podíamos convivir, según él no sabía balancear su trabajo con la relación que teníamos y sabía que esto llegaría a su fin. Empecé q desesperarme pues después de esta pandemia más difícil se volvió la búsqueda de vivienda. Más de 25 apartamentos había visitado pero cada vez exigían más dinero pues mucha gente decidió mudarse a la Florida a vivir. Dios siempre manda ángeles y de eso puedo testificar. Una de mis mejores amigas al verme en esta situación me ofreció irme a su casa pues tenía una habitación desocupada y mientras la rentaba yo la podía usar. Pasado unas semanas al ver que yo no podía encontrar apartamento ella me rentó el cuarto de momento y así yo estaría más segura y ese ingreso a ella le servirá para sus gastos colectar.

Por otro lado, mi hijo planeaba irse a vivir con unos amigos así que él había decidido buscar cerca de su trabajo y así ahorrarse la gasolina del carro, pero a última hora todo se ha complicado pues se dieron cuenta que mudarse, requiere tener un dinero ahorrado para el depósito, primera y última renta, colocar la luz y el agua, así que desistieron de esa idea, pues eran muchachos que nunca habían salido de casa y no sabían lo que costaba irse solos a vivir.

Pasados unos días, mi hijo ya no tenía dónde quedarse a dormir, me sugirió que consiguiéramos apartamento juntos y así tener nuestras cosas y tranquilos poder vivir.

Para mientras se empezó a rotar quedándose a dormir donde algunos de sus amigos. De momento mi hijo no podía irse al lugar donde yo estaba viviendo debido a que la amiga donde yo había rentado tenía reglas y eso ella lo había dejado en claro, no permitía que hombres en su casa fueran a vivir e infringir las reglas me traería consecuencias entre eso que me tuviera que ir. Más sin embargo un par de ocasiones ella dejó entrar a mi hijo y quedarse a pasar la noche. Yo no contaba con nadie más yo no tendría otro lugar donde ir, solo confiaba en que en cualquier momento yo recibiría una llamada de tantas aplicaciones de apartamentos que sometí. Finalmente recibí la llamada de la aprobación de un apartamento en un condominio y dos meses duro ese proceso, que desespero, una vez las llaves nos dieron, lloramos y a Dios gracias le dimos, pues era un espacio para nosotros dos. No tendríamos que pasar humillaciones ni penas, teníamos una espacio desocupada, pero llenarla de amor.

Parece que nada es completo en esta vida, pero todo son experiencias que nos ayudan a madurar. ¿Cómo generar balance para que todo se pueda llevar a un ritmo normal? Definitivamente esto es trabajo de equipo, una persona sola es difícil de pagar una renta y tener para gastos básicos esenciales. A menos que tenga dos trabajos, por eso es importante la familia y entre todos poder aportar.

Finalmente, en el nuevo trabajo empecé a laborar, en medio de cada situación yo siempre trato de sacar lo mejor sea bueno o aún si no es el resultado que espero, sé que todo trabaja para mi bienestar. Estoy motivada, tengo nuevos proyectos, sé que grandes cosas vienen, entre esas las cuentas, que no dan esperan y la responsabilidad en general. Debido a esto, termine redactando una carta al presidente que sé que nunca él la leerá. En esta, expreso mi sentimiento como ciudadana de los Estados Unidos y como seguidora de un sueño que sé que se puede alcanzar. "Tengo un bachillerato y una deuda de $42.000, quiero empezar a trabajar en mi carrera, pero no me permiten por no tener un un grado de master. Si decido realizarlo a mi deuda tengo que aumentarle 25.000. Aun así, si no tienes experiencia es otra traba a la que te enfrentas, es un camino que no tiene fin. Nada ocurrió, y el presidente promesas hizo y nada se dio.

Empecé una nueva vida, soltera y enamorada del amor y así pasado un tiempo un nuevo amor a mi vida llego. Su nombre Richard, un hombre de apariencia tímida, muy callado y reservado, lo conocí por red social, duramos hablando por varias semanas, hacíamos video llamadas, pero nunca un encuentro personal, siempre se cruzaban sus planes con los míos hasta que un día todo se dio y me invito a cenar. Nuestra primera cita, fue emocionante, me recogió en mi apartamento, fuimos a un restaurante donde él había hecho una reservación muy especial, en ese lugar me la pase hablando y el en silencio, poco comunicativo y pensé creo que aburrido lo había dejado y pensé para mi "bueno aquí yo intentando tener una comunicación, pero parece que será el fin de esta relación" "Me atrevería a decir que hablábamos más por celular."

Cerca al restaurante se escuchaba música latina y una vez salimos nos acercamos hacia ese lugar, que por cierto estaba lleno y había mucha gente que empezaba a bailar. Yo emocionada le dije vamos empieza a danzar y él me dijo nunca lo he hecho, intente mostrare algunos pasos, pero igual no se dejaba enseñar. El trataba de protegerme con sus manos como para que la gente se diera cuenta que estaba con él y así evitar que alguien me llegara a sacar a bailar. Como quiera yo seguí bailando y pase una noche sensacional. Me llevo a mi casa muy caballeroso, nuestra amistad se fortalecía y así varias salidas empezábamos a planear. En otra ocasión nos volvimos a encontrar como de costumbre a cenar y lo mismo, me recogió en mi casa y allí devuelta me volvía a dejar. Pero en esta ocasión algo inesperado paso, al bajarme del carro me doy cuenta que no tengo las llaves para mi casa entrar. Mas sin embargo disimule y me despedí de el y empece a llamar a mi amiga para que me abriera la puerta, pero obviamente ella estaba dormida y convencida que yo las llaves tenía. Con la sorpresa que Richard no se iba, ya que quería asegurarse que estuviera dentro de mi lugar de vivienda. A lo que tuve que decirle la verdad, "estoy llamando a mi amiga y no responde, pero pronto amanecerá así que tranquilo vete para tu casa pues no pasa nada aquí es un lugar seguro es una comunidad cerrada y monitoreada" Para lo cual respondió que no me dejaría afuera, él se quedaría conmigo ahí o me podía quedar en su casa y una vez amaneciera me volvería a dejar allí.

CAPÍTULO 9

LIBERTAD

Llegamos a su apartamento, él fue muy respetuoso conmigo y al día siguiente muy temprano a mi casa estaba de regreso. Desde entonces el inicio de una muy buena relación comenzó.

Moraleja: No siempre se debe tener los gustos iguales en una relación. No siempre el tener el mismo carácter significa que todo va a salir bien, se necesita tener diferencias para juntos crecer. En mi caso soy una persona tímida, callada pero una vez cojo confianza, sale de mí una mujer espontánea, alegre, que no disimula sus emociones ni sentimientos, además llorona por todo, si es de alegría, tristeza compasión las lágrimas siempre ruedan por mis mejillas sin control. Richard en algunas cosas es mi lado opuesto, una persona que analiza en silencio, misterioso con su mirada, no demuestras sus emociones con facilidad, su silencio y sus gestos aprendí a interpretar, un hombre detallista, pendiente de mí, le importa lo que pienso, somos un complemento. No hay excusa para amarnos, no hay pretextos, un hombre que sabe lo que quiere, no hay competencia y nuestro espacio tenemos. También en común muchas cosas poseemos y sobre todo el respeto y muy buena comunicación, sabemos entender el silencio, no provocamos al otro porque sabemos que cuando uno está con enojo no hay pensamiento cuerdo, ni inteligencia que pueda tomar control. El respeto es importe en una relación, tenemos nuestras diferencias como cualquier pareja, pero nada que no se pueda resolver sin traumatismos ni consecuencias. La edad, la experiencia y la madurez juegan un papel importante en cada relación, se espera que sea duradera y esa es la promesa que debemos contemplar, para el día que nuestro llamado llegue desde arriba, hayamos cumplido nuestros sueños y en paz nuestros ojos podamos cerrar. Ahora, si las cosas por alguna razón no se dan, por lo menos tendremos la certeza que nuestro tiempo ha sido de enseñanza y la recompensa tendremos porque nada es en vano y mientras podamos celebrar y disfrutar de nuestra compañía y amor así quedara escrito, porque nadie te quita lo vivido, el pasado ya queda firmado con nuestros pasos y solo se mantiene si sigues el mismo trazo.

Un evento natural que todos los seres humanos debemos enfrentar es el vacío y la tristeza que la muerte nos causará. Ha ocurrido un evento inesperado, una calamidad. La hermana de mi madre, mientras estaba en el baño, un aneurisma la sorprendió y fulminante su corazón de latir paro. Esta noticia a todos nos conmovió, nuestro mayor temor era cómo darle la noticia a mi madre pues ellas hacían muchas cosas juntas, les decíamos Tola y Maruja, no había lugar donde la otra no fuera o que la otra no lo supiera, más que hermanas eran las mejores amigas y muchos secretos compartirían de por vida. Siempre alegres, no había día que no quedara reflejada su sonrisa en una fotografía, sea la caminata diaria o la parranda que con anticipación planeaban. Además de todo, hermanas de pintura pues un talento de familia, cada una con su técnica, pero todo firmado en lienzo donde quedarían sus huellas. Mi tía, una mujer que mientras mi madre se regresaba a la capital me dejaba con ella hasta el punto de que yo le decía mama. Ella me trato como a una hija, su esposo mi tío igual, eran mis padres sustitutos cada vez que me iba a mi tierra natal. Esos cambios marcaron mi vida pues estable estaba con ellos hasta que mi madre decidía que debía regresar al lado de ella y mi papá. La soledad me embargaba pues en mis padres no tenía el mismo cuidado ni afecto que yo en ese entonces necesitaba. Me dolió mucho su partida, recuerdos iban y venían. Algo me acongojaba y era ver a mi madre sin su hermana. Eso me consumía el alma, lloraba en silencio porque no quería que nadie se enterara, He tratado de ser dura frente algunas circunstancias, pero no podía disimular la tristeza que su partida me causaba y más aún ver a mi madre destrozada.

Mi madre después de este evento no volvió a ser la misma, constantemente se despertaba llorando en la madrugada, pues se le fue su compañía, mi madre, aunque se fue a vivir con mi hermano menor y tratamos de mantenerla entretenida, ella se rehusó, inclusive ese pasatiempo que siempre disfrutaba y era el de pintar.

Pasado dos meses de la muerte de mi tía, mi mama se sintió enferma pues sufría de la tensión alta y esto a los doctores alertaba. Estuvo hospitalizada por mes y medio, después de muchos estudios y exámenes el diagnostico fue una hernia hiatal que con una cirugía ambulatoria a la casa se podría ir a descansar. Pero todo se empezó a complicar, algo siempre pasaba, a otra ciudad tuvo que ser trasladada, luego otro inconveniente se presentaba, que faltaba una malla para la cirugía y en ese lugar no la tenía, por lo tanto, mientras se esperaba su cirugía siempre la aplazaban. Mientras tanto tuvo otra cirugía programada cirugía de brazo porque le salió una masa cerca al codo, finalmente después de un par de semanas de espera el procedimiento salió exitoso. Mi madre muy temprano en la madrugada me estaba escribiendo, bien para contarme sobre las rondas de los enfermeros, de todo me tenía notificada, cada vez que le tomaban la presión, signos vitales ella estaba mandando esa información por teléfono para que fuéramos testigos por si algo pasara o se presentara un error, pero ella en el fondo siempre con fe que todo saldría bien. Mientras tanto mi pensamiento con ella a diario estaría, pero mi espíritu inquieto permanecía. Mi hermano menor estuvo con ella en esa travesía, se rentó un cuarto de hotel cerca al hospital y así pendiente de ella permanecía. Mi hermano poco comía, se la pasaba fumando, vicio que hacía años había abandonado, pero la carga era tal que el apetito había perdido y solo fumar y tomar tinto lo podía calmar.

Mi mente y espíritu inquietos, yo me despertaba por las madrugadas llorando desconsolada como si algo fuer a pasar. Ya se imaginarán la gente empieza a criticar y decir que uno es mal pensado que, porque es tan negativo, son procedimientos ambulatorios y nada serio podría pasar. En mi lugar de trabajo, al igual que el resto de mi familia todos optimistas pues solo era cuestión de esperar.

Finalmente recibimos la gran noticia y se programó la cirugía, un procedimiento ambulatorio que normalmente tardaría de 30 a 60 minutos, en este caso la intervención de mi madre fue aproximadamente 4 horas.

Pero yo he creído en esa voz interior y en esa sensación extrasensorial donde te dice que algo va a pasar. ¡Al igual que la otra parte de mi decía bueno hay que tener fe que todo saldrá bien! Me sentía como en una batalla donde al mismo tiempo yo me regañaba pues no sabía qué voz escuchar.

Creo firmemente en los ángeles, la vida celestial aquí en la tierra, sé que hay guías que nos acompañan y también sé que nos orientan.

Todos tenemos dones y talentos y no hay que ser escépticos, hay que tener mente abierta, para aprender a perdonar, amar, y dejar huella.

Todos pendientes, atentos por las redes esperando noticias y con la angustia de la demora, pero a Dios gracias la cirugía salió bien. Los médicos le dijeron a mi hermano que durante el procedimiento perdieron a mi madre por unos segundos, pero la lograron regresar. Después de eso recomendaron que mi madre siguiera en Cuidados Intensivos, por lo que había ocurrido en la cirugía, pero de resto todo era cuestión de esperar a ver como el cuerpo respondía. Mi hermano entro a verla y le dieron informe de la situación y yo mientras tanto en un país lejano sintiendo una agonía profunda, despertaba en las madrugadas llorando así que en la noche del 13 de diciembre le compartí mi sentir a mi novio quien me aconsejo que me fuera a ver a mi madre.

Al día siguiente trabajé hasta el mediodía y empacando unas prendas rumbo a Colombia me dirigí. Mi corazón y razón una batalla vivía pues algo dentro de mi decía que de mi madre me iría a despedir. Llegue a medianoche a la capital y uno de mis hermanos me recogía y al día siguiente muy temprano tomaría un bus que por 8 horas me llevaría para con mi madre poderme reunir, así que aparecí de sorpresa en tierra desconocida, mi hermano no tenía idea que allí llegaría, así que una vez me baje del taxi y lo vi nos abrazamos y lloramos de emoción, pues él estaba en ciudad lejana por varias semanas y para él eso era mucha tensión. Finalmente, ese mismo día iría a ver a mi madre pues solo una hora de visita era permitido pues estaba en cuidados intensivos. Se puso feliz al verme y les decía a todos que su hija de Estados Unidos había ido a verle. Lloramos, hicimos planes pues su cumpleaños era el día 24 del mismo mes. Mi madre insistía en que me tomara una foto, pero no podía sacar el celular pues era prohibido. Ella insistía que la tomara con el reloj, pero por más que intente salían oscuras pues tenía que hacerlo con el celular también. Le dije "madre hoy voy a averiguar de qué forma puedo tomar la foto sin que me meta en líos, así que mañana cuando venga de nuevo a visitarla nos la tomaremos. Entre un tema y otro la hora de visitas se acabó, nos fuimos al hotel con mi hermano y al día siguiente cuando fui a visitarla ella estaba entubada. Yo estaba en shock, pensé que me había equivocado de cama, pero finalmente la reconocí. Hable con el medico de turno y dijo que estaba delicada y antes que entrara en paro respiratorio decidieron entubarla, pero que su edad y la cirugía todo se podría complicar así que en muerte podía terminar. Yo me le acerqué y empecé a llorar, por más que intentaba controlarme, el solo hecho de verla en esa situación me partía el corazón en dos. Le pedí perdón por tantas ausencias y agradecida y orgullosa por su esfuerzo y por su amor le di muchos besos y a penas lagrimas brotaban de la esquina de sus ojos, yo le decía "madre tranquila que aquí todos estamos bien. Si ahora es el tiempo de su partida, lo aceptaremos porque sé que nos volveremos a ver." Triste me fui a esa hora del día, cuando me reencontré con mi hermano le conté lo que sucedía y llorando desconsolados sabíamos que este era el final. Llamamos a mis otros hermanos, el mayor había estado con mi madre el fin de semana pasado, pero uno de los menores Wilson no había alcanzado a verla, así que el viajo de la capital al lugar donde nos encontrábamos para que al menos el poderla visitar, cabe anotar que dos meses atrás mi madre había estado por 20 días en la casa de mi hermano mientras mi tía se iba a visitar a sus hijos y la idea era regresar juntas y viajar a visitar a mi otro hermano en Ibagué, lugar de su residencia y así vacaciones pasar. Mi hermano llego 11:30 pm la idea era que el fuera a ver a mi madre en visita del medio día, pero a las 6:30 am hemos recibido una llamada, esta era del hospital, necesitaban que familiares de mi madre se acercaran inmediatamente en ese lugar. Perecíamos locos todos tres dando vueltas por la habitación, estábamos confundidos, una vez llegamos al hospital allí nos enfrentemos a una cruel realidad, noticia que no esperábamos mi madre había partido ya.

Qué momento tan difícil, hacia poco la familia se había reunido para el velorio de mi tía y por cosas del destino una buena parte de la ellos se encontraban de nuevo en la capital, primas que venían del extranjero pues ya se acercaba la navidad. Era como si Dios hubiera alineado todo para de nuevo juntos santa sepultura a uno de los nuestros poderle dar. Dios es bueno permitió que mi mama estuviera acompañada de su familia y amigas y así todos poderla despedir.

Sé que mi madre está en el cielo y con su hermana juntas en otro plano celestial. La una no podía vivir sin la otra, amigas del alma, ahora juntas por la eternidad.

Mis hijos, mi novio y la presencia de la familia no tiene precio. El silencio en ese momento el abrazo es tan reconfortante. Entendí que las palabras no son necesarias. La disponibilidad de la persona y la compañía es lo mejor que podemos tener. Apoyo de amigos, compañeros de trabajo eso no tiene precio. Lloramos juntos, reímos juntos. Todos somos uno.

Que dolor se siente un vacío indescriptible es como si energéticamente te hubieran cortado el cordón umbilical, de repente te sientes desorientado, despistado sin camino todo parece nublado. Es como si de repente olvidas lo que ha pasado y cuando caes en cuenta d ella realidad las lágrimas ruedan por tus mejillas sin parar, es una angustia una agonía que es difícil de explicar.

He regresado a mi país adoptivo, volviendo a la rutina, aunque es difícil no tener esas memorias a veces me olvido y empieza a escribirle a mi madre o si necesito una receta recuerdo que ella se las sabias casi todas y después hago memoria y sé que no está. No es fácil. nunca lo será. Esto es una marca, una herida que, aunque nos resignemos, ese vacío siempre lo llevaremos hasta el día que también nosotros al llamado tengamos que contestar.

Un día como de costumbre a mi país natal tuve que viajar, pues quería renovar el pasaporte que estaba pronto por expirar, además que el trámite en tiempo mucho más rápido y económico que tramitarlo directamente en el consulado de la ciudad donde estoy radicada. Como siempre y para no perder la costumbre, una visita tenía que realizar y era visitar a mi abuelita y a mi tía que siempre con anhelo me recibían. Llegué un viernes a Colombia y el domingo me tenía que regresar. Así que me fui a hacer la vuelta del pasaporte y oh sorpresa, el pasaporte me lo entregarían al día siguiente hábil, o sea para el lunes y ya para mí eso era un problema. Decidí no hacer ese trámite e irme todo el día donde mi abuelita y mi tía. Aparte de todo, mi abuelita cumplía 102 años ese lunes, por lo cual decidí comprar un pastel, e improvisar reunión para honrar a mi abuelita y tener un recuerdo más para recordar. Mi abuelita contenta empezó a entonar canciones de su época, tomo tinto, tomo vino. Mi tía hizo un almuerzo para chuparse los dedos, cenamos celebramos mi hermano Wilson estuvo presente. Fue un momento mágico y lleno de alegría. ¿Estando con mi tía hablando de repente me llego un presentimiento y lágrimas salieron de mis ojos, mi tía me dice Mamita que te pasa? Y yo inconsolable le dije tía mi Abuelita se va a ver con mi mama. Mi tía con voz calmada me dice pues si Mamita eso se va a dar, pues mi madre 102 años cumplirá. Le dije sí, tía, pero ella pronto, es pronto que se ira. Mi tía lloro, pero se controló, pues no queríamos que la reunión se arruinara. Después de ese evento me regresé de vuelta a mi país de residencia. Tres semanas después, recibí la noticia, "mi Abuelita se nos fue". Aunque sabemos cómo seres humanos que 102 años es un regalo más en la condición que ella estaba una mujer que todavía en pie de podía sostener, no tenía ninguna enfermedad, murió en un estado de sueño, fue una Muerte tranquila y una mujer muy admirada. Nuevamente viaje a mi país de origen para darle el ultimo honor a mi Abuelita y todos en familia acompañarla a su nueva morada. Ahora la única mama de la familia es mi tía, hermana de mi padre. Una mujer que nos ha protegido y cuidado, mujer valiente siempre pendiente de nosotros. En menos de un año perdí tres personas importantes en mi vida: Mi tía, mi madre y mi abuela.

Jamás estaremos preparados para la muerte enfrentar, así nos den aviso el vacío siempre quedara. Un cambio de conciencia debemos procurar, para que cada día sea un día de alivio en esta tierra, fe y esperanza nos den consuelo y tranquilidad.

CAPÍTULO 10

LA REVELACIÓN

Cada día muero un poco, por eso tengo que mis cuentas aclarar. Sé que todos los días un día menos tengo para disfrutar. ¿Qué puedo decir? La vida se me va...no tengo tiempo para pelear y ponerme a llorar. Valoro a las personas que están a mi lado y espero recibir lo mismo para atrás. Siempre he dicho qué, si algo o alguien es para ti, ¡así será!, si se va de tus manos, es porque así estaba predestinado, mientras haya vida, hay oportunidad.

He desarrollado varios talentos, la interpretación de sueños, tengo presentimientos, intuición, a veces hasta el desaliento me da avisos que algo va a ocurrir. Soy supersticiosa, pues muchas de esas cosas suelen ser advertencia para mí. A veces cuando mi estado de ánimo está bajo es porque en ese momento o pronto o una mala noticia voy a recibir y mi espíritu lo sabe con anticipación lo presiente y eso es un regalo de Dios. Me considero una mujer rica, tengo lo que siempre anhele, todo lo que algún día me falto hoy lo tengo en abundancia, todo lo que desee, se volvió realidad, estoy rodeada de amor, de alegría, hay dificultades, pero eso es parte del proceso de la vida, pero siempre con la frente en alto, que algo bueno de ahí me tendré que llevar y será para mi bien.

Mi biografía, tal vez muy general y parecida a la de muchas personas más, ahora entiendo que lo que he vivido ha sido para mi propio enriquecimiento. A veces nos enfocamos en mirar solo las faltas y los errores, a criticar y juzgar, pero sí nos detenemos a pensar y a analizar, en mi caso todo ha servido para mi bienestar personal y general. Por ejemplo cuando describí al principio de mi biografía que en mi infancia vivimos momentos de escasez y ver como todo era medido porque había que guardar para el día siguiente o si no, no había para comer, entendí solo hasta este momento de adultez que esa experiencia me permitió desarrollar la disciplina de medir mi vida, ser organizada, por dar un ejemplo simple, a mí me encanta mucho el chocolate y se medirme, esté en mí el saber si me comeré toda una barra o simplemente dejo una parte para el día de mañana. Cuando voy a mercar compro lo que necesito y pudiera preparar de todo y abastecer mi plato como si no existiera un mañana, pero he aprendido a medir, no siendo egoísta ni conmigo ni con los demás, pero siempre pensando en que hay que planificar, vendrán mas días y no se puede despilfarrar. En mí está el saber tomar esas experiencias y transformarlas en herramientas que sean para mi bien o podría escoger y recordar con tristeza, traerlas al presente como un trauma de nunca acabar y juzgar cada momento que tuve que pasar. En mí esta él ser mejor y enseñar a los demás, no quiero que los míos por lo mismo vayan a pasar. Se vivir con poco, se vivir con mucho, con lo que sea que en la vida me tenga que enfrentar, he ganado mucho en conocimiento, amor, madurez y eso a la final es lo que me voy a llevar. El tiempo pasa, todo se acaba, nada dura por la eternidad, los recuerdos son solo recuerdos que cuando mire al pasado sea para decir de ahí vine y así ahora me convertí. Que sí voy a mirar atrás sea para impulsarme y no para darme palmadas en la espalda de pesar. Soy la generación de mi familia, soy la continuidad de ellos. No soy igual a ellos, cada uno es diferente en muchos aspectos, pero lo que no debe faltar es el amor. Mis hijos serán mejor que yo porque ellos son mi evolución y así sucesivamente hasta que sea el llamado De Dios.

Las experiencias que he tenido en mi vida, hablo de todo en general llámese familiar, laboral, sentimental, ha sido un camino largo, doloroso donde la vida ha golpeado de diferentes maneras, pero al mismo tiempo, lo que más cuenta son aquellos innumerables momentos de alegría, de amor, de paz que la vida me ha permitido contemplar. La vida de mis hijos mi orgullo más grande, ellos son mi primer amor, me han apoyado en cada momento, en las buenas y malas han secado mis lágrimas, he compartido secretos, son mi todo, el regalo más grande que Dios me dio. Richard mi futuro esposo, mi compañero ha sido mi soporte tenemos muchas cosas en común que nos hacen caminar por el mismo sendero, un amor limpio, sin reproches y con paciencia enfrentando cada reto, pero siempre contando el uno con el otro. Mis hermanos, tantas memorias algunas olvidadas pero siempre conectados por tantas vivencias, la sangre que nos conecta el amor de familia, amor que será por la eternidad, con cada uno de mis hermanos un amor muy especial, a mi padre un hombre diferente, con muchos sentimientos encontrados, un hombre que encontró el amor en su nieta más pequeña y que le ha hecho nacer sentimientos de ternura, amor cuidado que lo hacen ser muy especial, expresa sus emociones con facilidad, a mis tíos, primos gracias porque todos tienen su papel en esta historia. Mi tía, (hermana de mi papa) que siempre atenta a nosotros permanecía, siempre muy especial, para mí como una segunda mama, un apoyo emocional grande, me ha querido como a una hija más. Esta es mi historia hasta el día de hoy, no sé cuánto más podré agregar, el aprendizaje ha sido enorme, mi camino, un camino de rosas y espinas, pero siempre victoriosa al final.

Vivimos en un maravilloso mundo, una creación inimaginable, un mundo universal, esto es un paraíso, pero nosotros nos volvimos esclavos de nosotros mismos, no hay tolerancia solo egoísmo no hay respeto por la humanidad. Todos somos una sola raza, creación humana, no importa el color, todos tenemos sentimientos, configurados con la misma anatomía, todos somos la misma creación. El mismo sol sale cada mañana a todos por igual, así como la luna sale y se deja ver en la oscuridad. Todos vivimos en el mismo espacio, este mundo, todos somos energía y a la fuente iremos a regresar. Cada flor, la hormiga, la mariposa, la roca, el cristal, los colores, la tierra, el aire, el mar, todo es vida, todo fue creado para nosotros disfrutar. Dejemos herencia, que sea de orgullo y que nuestro epitafio haya una leyenda donde todos con alegría puedan recordar.

Hoy termino mi relato, mi historia de vida, quiero que mis hijos sepan una vez más que son lo más grandioso que me ha pasado en la vida, quiero dejarles un legado y que siempre recuerden que el amor, el perdón, la compasión y la comunicación son claves para poder ser libres y obtener tanto la paz interior y reflejarla en cada acción. No se detengan luchen por lo que anhelan y tanto el cielo como la tierra serán testigos de cada proceso y recibirán el premio anhelado A veces las cosas no se nos dan cuando queremos, pero ahí está el secreto. Aprender de las caídas, aprender de las historias propias y de otros y por sobre todo mantenerse firme en cada propósito hasta el final.

No soy la misma persona que empezó a escribir esta biografía, durante este trayecto he aprendido de mí, de mi familia. Soy una mujer muy intuitiva, creo firmemente en la existencia de Dios y su reino celestial, creo firmemente en la existencia de otros seres, pues Dios es fuente universal y creo en la existencia de más galaxias, más sistemas fuera de este ya que el ser humano por sus limitaciones no ha podido explorar. Tenemos ángeles protectores, guías, colaboradores que a nuestro alrededor están. Ellos nos acompañan, y señales nos mandan a diario que a veces no queremos ver. A ti te digo; abre tu espíritu, sal de ese laberinto, el ruido te bloquea y te aleja de lo que realmente viniste a vivir. Un camino de crecimiento, y alineamiento que al principio no entenderás, pero cuando llegue el momento lo sabrás y ahí comprenderás por qué muchas situaciones en tu vida has tenido que enfrentar.

Crecer en lo bueno, crecer en la dificultad, ver la luz en medio de la oscuridad, todo hace parte de un balance, todo hace parte de la verdad. Esta es una escuela, para otros una prisión; lo cierto es que estamos en el mismo planeta y cada uno individualmente cuando se acabe nuestro tiempo a la eternidad iremos a regresar.

Amado, no pierdas la fe, conócete a ti mismo, nunca te des por vencido porque dentro de ti una fortuna encontraras y si no la exploras terminaras regresando esa esfera mágica al creador en el mismo estado que te fue entregado y tendrás que volver a empezar.

Creo en Dios, creo en la reencarnación, creo en los grandes maestros, creo en la energía y la vibración. Todos llegan a la misma conclusión, el amor, la paciencia, el olvido y el perdón, seguir evolucionando como parte de un destino que ya se ha escrito, que ya se ha planeado y del cual tenemos que completar sea hoy o en otra era más.

Agradecimientos finales

A mis hijos, mis padres, mis hermanos, familia y a ti mi amor. Gracias a todos por ser el latido constante en cada página, por estar en cada paso y en cada sueño, además de todos los sacrificios que juntos hemos enfrentado. Mi historia es también la de ustedes, y en cada palabra escrita lleva un pedacito de nuestra esencia. Sin ustedes, no sería quien soy hoy ni habrían nacido estas líneas.

Hoy me encuentro en un viaje profundo de descubrimiento, de exploración hacia mi nueva yo, hacia las maravillas y misterios que habitan en mi mundo espiritual. Se que hay algo más allá de lo terrenal, algo que nos conecta con la esencia misma de la existencia y en cada uno de ustedes veo ese reflejo; son mi raíz en la tierra y mi impulso hacia lo eterno.

En cada rincón de la naturaleza yace un misterio que nos invita a ver más allá de lo que nuestros ojos alcanzan. Las energías sutiles nos rodean, danzan en cada hoja, en cada rayo de sol y en cada gota de lluvia. Nos enseña que todo en este mundo está vivo y conectado, aunque muchas veces lo ignoremos en nuestra prisa diaria. La naturaleza con su fuerza silenciosa nos llama a despertar conciencia, a recordar que formamos parte de un todo mayor. Solo cuando reconozcamos y valoremos cada pequeño latido de vida podremos comenzar a honrar nuestro lugar en este vasto y sagrado universo.

¡Mi proceso, mi perdón y aceptación me han llevado a la libertad!

Con amor y gratitud

Gis-Hanna

www.ingramcontent.com/pod-product-compliance
Lightning Source LLC
LaVergne TN
LVHW101946220826
846093LV00006B/125

* 9 7 8 8 4 6 8 5 8 6 0 9 0 *